'URISTA ÍN DIECI INGUE

Questo frasario multilingue in Inglese, rancese, Tedesco, pagnolo, Portoghese, aliano, Olandese, Danese, Svedese, e erbo-Croato è un mezzo trautile per chi viaggia, onsentendogli di sprimersi in dieci lingue iverse. Potrete dire quel he vorrete anche in ngue sconosciute ualunque sia il paese di rovenienza e il paese isitato nell'Europa ccidentale.

L'indice permette agevole consultazione el frasario. Ogni sezione ontiene sia espressioni tili, sia liste di parole che, ombinate, vi permettono formare frasi complete: potrete esprimere a oce oppure additarle l'interlocutore sulla agina. La stessa cosa ale per le risposte. Jtilissime sono le "Frasi- niave" (a pag 9) oncepite per quasi ogni tuazione. Al capitolo Autorimesse e iparazioni" troverete un cco glossario utomobilistico illustrato: n ausilio indispensabile el caso di un guasto l'estero.

EUROPESE TALENGIDS -

een unieke gids voor reizigers, met uitdrukkingen in het Engels, Frans, Duits, Spaans, Portugees, Italiaans, Nederlands, Deens, Zweeds en Servokroatisch.

Deze talengids stelt u in staat u in 10 talen te redden, ongeacht uit welk deel van West-Europa u komt of waar u naar toe, gaat en u iets wilt uitleggen in een taal die u niet kent.

De inhoudsopgave verwijst naar de te raadplegen bladzijden. Door woorden en uitdrukkingen samen te voegen kunt u zinnen opbouwen en deze mondeling mededelen of u kunt aan de persoon waarmee u praat de uitdrukking aanwijzen. Ga voor antwoorden op dezelfde manier te werk. Sleutelzinnen op blz 9 zult u erg nuttig vinden daar deze op vele situaties van toepassing zijn. 'Garages en pech' bevat een lijst met namen van auto- onderdelen met afbeeldingen - onmisbaar om een bepaald onderdeel te identificeren - noodzakelijk als u in het buitenland wordt geconfronteerd met pech.

EUROPÆSK PARLØR -

en enestående rejsehåndbog på engelsk, fransk, tysk, spansk, portugisisk, italiensk, hollandsk, dansk, svensk og serbo-kroatisk.

Denne parlør vil gøre det muligt for Dem at klare Dem på ti sprog. Uanset hvor i Vesteuropa De kommer fra, og hvor De rejser hen vil De kunne udtrykke alt, hvad De behøver at sige på et fremmed sprog.

Indholdsfortegnelsen vil let føre Dem til de sider, De skal slå op på. Hvert afsnit indeholder nyttige udtryk og ordlister, og ved at kombinere de to kan De opbygge sætninger og bruge dem til at kommunikere enten ved at tale eller ved at udpege opslagsordet for den person, De henvender Dem til. Svar kan blive fortolket på samme måde. Særlig nyttige er "nøgle- udtrykkene" på side 9, som kan bruges i de fleste situationer. Afsnittet "Værksted og motorstop" omfatter en detaljeret liste af bildele ledsaget af illustrationer, som vil være en uvurderlig hjælp til at identificere de enkelte dele, en væsentlig hjælp i tilfæde af motorstop i udlandet.

EUROPEISK PARLÖ

en unik reseguide p engelska, franska, ty spanska, portugisiski italienska, holländska danska, svenska och serbokroatiska.

Med denna parlör ta dig fram på tio språk. Var än du kommer ifrån i Västeuropa och vart än du reser, så hjälper den dig att uttrycka allt du behöver säga på ett främmande språk.

Innehållsförteckningen leder dig enkelt till de sidor du behöver konsultera. Varje avsnitt innehåller nyttiga fraser och ordlistor och genom att kombinera de två kan du konstruera meningar att kommunicera med, antingen genom att uttala dem eller att peka ut dem för personen du talar till. Svaren kan tolkas på samma sätt. Särskilt värdefulla är de "Nyckelfraser" som återfinns på sidan 9, som kan användas i de flesta situationer. Avsnittet om bilverkstäder och motorstopp inkluderar en detaljerad lista på bildelar, som tillsammans med illustrationerna utgör en ovärderlig hjälp när det gäller att identifiera delar på bilen-ett viktigt hjälpmedel om bilen krånglar utomlands.

engelskom, svedskom i srpsko- hrvatskom jeziku.

Ovaj rečnik omogućiće vam da se snadjete na deset jezika. Bez obzira iz kojeg ste dela zapadne Evrope dolazite, i kuda putujete, on će vam pomoći da izrazite sve š što vam je potrebno na nepoznatom jeziku.

Uz pomoć sadržaja lako ćete pronaći stranicu koju trebata. Svaki deo sadrži korisne izraze i spisak reči, tako da povezivanjem možete sklopiti rečenice i upotrebiti ih za opštenje bilo govorom ili pokazivanjem teksta osobi kojoj se obraćate. Odgovori se mogu tumačiti na isti način. Naročito su korisni "ključni izrazi" na str. 9, kojima se možete najčešće poslužiti. Deo o garažama i kvarovima obuhvata i detaljan spisak delova, sa slikama, što može biti od neprocenjive pomoći u slučaju kvara vozila u inostranstvu.

CONTENTS

CONTENTS 3

English	Français	Deutsch	Español	Português
Hello.	*Bonjour.*	*Hallo.*	*Hola.*	*Olá*
Good morning (afternoon).	*Bonjour.*	*Guten Morgen (Guten Tag).*	*Buenos días (tardes).*	*Bom dia, boa tarde.*
Good evening, Madam.	*Bonsoir, madame.*	*Guten Abend.*	*Buenas tardes, señora.*	*Boa tarde minha Senhora.*
Good bye, Miss.	*Au revoir, mademoiselle.*	*Auf Wiedersehen.*	*Adiós, señorita.*	*Adeus menina.*
Good night, Sir.	*Bonne nuit, monsieur.*	*Gute Nacht.*	*Buenas noches, señor.*	*Boa noite, Senhor.*
So long (See you soon).	*A bientôt.*	*Auf bald.*	*Hasta luego.*	*Até à vista, até breve.*
Please/thank you.	*S'il vous plaît/merci.*	*Bitte/danke.*	*Por favor/Gracias.*	*Por favor/obrigado.*
Yes/No.	*Oui/Non.*	*Ja/Nein.*	*Sí/No.*	*Sim/Não.*
Excuse me.	*Excusez-moi.*	*Entschuldigen Sie.*	*Perdóneme/Excúseme.*	*Com licença.*
I'm sorry.	*Pardon.*	*Es tut mir leid.*	*Lo siento.*	*Desculpe.*
Do you speak...?	*Parlez-vous...?*	*Sprechen Sie...?*	*¿Habla usted...?*	*Você fala...?*
I speak...	*Je parle...*	*Ich spreche...*	*Hablo...*	*Eu falo...*
I do not speak...	*Je ne parle pas...*	*Ich spreche nicht...*	*Yo no hablo...*	*Eu não falo...*
I do not understand.	*Je ne comprends pas.*	*Ich verstehe nicht.*	*Yo no entiendo.*	*Eu não compreendo.*
Please speak slowly.	*Parlez lentement, s'il vous plaît.*	*Bitte sprechen Sie langsam.*	*Por favor, hable despacio.*	*Por favor fale mais devagar.*
Please repeat.	*Veuillez répéter, s.v.p.*	*Bitte wiederholen Sie.*	*Por favor, repita.*	*Por favor repita.*
What is your name?	*Comment vous appelez-vous?*	*Wie heißen Sie?*	*¿Cuál es su nombre?*	*Qual é o seu nome?*
My name is...	*Je m'appelle...*	*Ich heiße...*	*Mi nombre es...*	*O meu nome é...*
I am in a hurry.	*Je suis très pressé(e).*	*Ich habe es eilig.*	*Tengo prisa.*	*Estou cheio de pressa.*
slow, slower.	*lentement, plus lentement.*	*langsam, langsamer.*	*lento, más lento.*	*devagar, mais devagar.*

Numbers	**Chiffres**	**Zahlen**	**Números**	**Números**
one, two, three,	un, deux, trois,	eins, zwei, drei,	uno, dos, tres,	um, dois, três,
four, five, six,	quatre, cinq, six,	vier, fünf, sechs,	cuatro, cinco, seis	quatro, cinco, seis,
seven, eight, nine,	sept, huit, neuf,	sieben, acht, neun,	siete, ocho, nueve,	sete, oito, nove,
ten, eleven, twelve,	dix, onze, douze,	zehn, elf, zwölf,	diez, once, doce,	dez, onze, doze,
thirteen, fourteen,	treize, quatorze,	dreizehn, vierzehn	trece, catorce,	treze, catorze,
fifteen, sixteen,	quinze, seize,	fünfzehn, sechzehn,	quince, dieciséis,	quinze, dezasseis,
seventeen, eighteen,	diz-sept, dix-huit,	siebzehn, achtzehn,	diecisiete, dieciocho,	dezassete, dezoito,
nineteen, twenty,	dix-neuf, vingt,	neunzehn, zwanzig.	diecinueve, veinte,	dezanove, vinte,
twenty-one,	vingt et un,	einundzwanzig,	veintiuno,	vinte e um,
thirty, forty,	trente, quarante,	dreißig, vierzig,	treinta, cuarenta,	trinta, quarenta,
fifty, sixty,	cinquante, soixante,	fünfzig, sechzig,	cincuenta, sesenta,	cinquenta, sessenta,
seventy, eighty,	soixante-dix, quatre-vingts,	siebzig, achtzig,	setenta, ochenta,	setenta, oitenta,
ninety,	quatre-vingt-dix,	neunzig,	noventa,	noventa,
one hundred,	cent,	hundert,	cien,	cem,
one hundred and one,	cent un,	hunderteins,	ciento uno,	cento e um,

Expressions Usuelles/Gebräuchliche Ausdrücke/Expresiones Generales/Expressões Comuns

aliano	Nederlands	Dansk	Svenska	Srpskohrvatski
alve.	Hallo.	Hallo. Goddag. Davs.	Hej.	Zdravo.
uongiorno (pomeriggio).	Goedemorgen (goedemiddag).	God morgen (Goddag).	Goddag.	Dobro jutro (dobar dan).
uona sera, Signora.	Goedenavond, mevrouw.	God aften.	God afton.	Dobro veče, gospodjo.
rrivederci, Signorina.	Tot ziens, juffrouw.	Farvel.	Adjö.	Zbogom, gospodjice.
uona notte, Signore.	Goedenacht, meneer.	Godnat.	God natt.	Laku noć, gospodine.
presto.	Tot ziens.	Farvel (på gensyn).	Hej så länge.	Dovidjenja.
er favore/grazie.	Alstublieft/Dank u wel.	Vær så venlig/tak.	Var snäll/tack så mycket.	Molim/Hvala.
i/No.	Ja/nee.	Ja/nej.	Ja/nej.	Da/Ne
li scusi.	Neemt u mij niet kwalijk.	Undskyld.	Förlåt mig.	Oprostite (Izvinite).
li spiace.	Het spijt mij.	Undskyld. Jeg beklager.	Förlåt mig.	Žao mi je.
arla...?	Spreekt u...?	Taler De...?	Talar ni (du)...?	Da li govorite...?
parlo...	Ik spreek...	Jeg taler...	Jag talar...	Govorim...
non parlo...	Ik spreek geen...	Jeg taler ikke...	Jag talar inte...	Ne govorim...
on capisco.	Ik begrijp het niet.	Jeg forstår ikke...	Jag förstår inte.	Ne razumem.
arli adagio, per favore	Wilt u langzaam spreken.	Tal langsomt.	Var snäll tala långsammare.	Molim vas govorite polako.
ipeta, per favore.	Wilt u het nog eens zeggen.	Vil De gentage?	Var snäll upprepa.	Molim vas ponovite.
ome si chiama?	Hoe heet u?	Hvad er Deres navn?	Vad heter ni?	Kako se zovate?
i chiamo...	Ik heet...	Jeg hedder...	Jag heter...	Zovem se...
ho molta fretta.	Ik heb haast.	Jeg har travlt.	Jag har bråttom.	Žurim se.
dagio, più adagio.	langzaam, langzamer.	langsomt, langsommere.	sakta, saktare.	sporo, sporije.

umeri	Getallen	Tal	Siffror	Brojevi
ho, deu, tre,	één, twee, drie,	en, to, tre,	ett, två, tre,	jedan, dva, tri,
uattro, cinque, sei,	vier, vijf, zes,	fire, fem, seks,	fyra, fem, sex,	četiri, pet, šest,
tte, otto, nove,	zeven, acht, negen,	syv, otte, ni,	sju, åtta, nio,	sedam, osam, devet,
eci, undici, dodici,	tien, elf, twaalf,	ti, elleve, tolv,	tio, elva, tolv,	deset, jedanaest, dvanaest,
edici, quattordici,	dertien, veertien,	tretten, fjorten,	tretton, fjorton,	trinaest, četrnaest,
uindici, sedici,	vijftien, zestien,	femten, seksten,	femton, sexton,	petnaest, šesnaest,
ciassette, diciotto,	zeventien, achttien,	sytten, atten,	sjutton, arton,	sedamnaest, osamnaest;
ciannove, venti,	negentien, twintig,	nitten, tyve,	nitton, tjugo,	devetnaest, dvadeset,
ntuno,	eenentwintig,	en og tyve,	tjugoett,	dvadeset jedan,
enta, quaranta,	dertig, veertig,	tredive, fyrre,	trettio, fyrtio,	trideset, četrdeset,
nquanta, sessanta,	vijftig, zestig,	halvtreds, tres,	femtio, sextio,	pedeset, šezdeset,
ttanta, ottanta,	zeventig, tachtig,	halvfjerds, firs,	sjuttio, åttio,	sedamdeset, osamdeset,
ovanta,	negentig,	halvfems,	nittio,	devedeset,
nto,	honderd,	et hundrede,	etthundra,	sto,
ntouno,	honderd en één,	to hundrede og en,	etthundraett,	sto jedan,

GENERAL EXPRESSIONS

English	Français	Deutsch	Español	Português
one thousand.	mille.	tausend.	mil.	mil.
one thousand one hundred.	mille cent.	tausendeinhundert.	mil cien.	mil e cem.
a quarter.	un quart.	ein Viertel.	un cuarto.	um quarto.
a third.	un tiers.	ein Drittel.	un tercio.	um terço.
a half.	la moitié.	die Hälfte.	la mitad.	metade.

Time	L'Heure	Zeit	Tiempo	Tempo
yesterday, today.	hier, aujourd'hui.	gestern, heute.	ayer, hoy.	ontem, hoje.
tomorrow.	demain.	morgen.	mañana.	amanhã.
this morning.	ce matin.	heute morgen.	esta mañana.	esta manhã.
this evening.	ce soir.	heute abend.	esta tarde.	esta tarde.
at midday.	à midi.	mittags.	a mediodía.	ao meio dia.
at midnight.	à minuit.	um Mitternacht.	a medianoche.	à meia noite.
always, never.	toujours, jamais.	immer, nie.	siempre, nunca.	sempre, nunca.

It is late/early. / *Il est tard/tôt.* / *Es ist spät/früh.* / *Es tarde/temprano.* / *É tarde/é cedo.*
At once. / *Tout de suite.* / *sofort.* / *en seguida.* / *imediatamente.*
My watch is fast/slow. / *Ma montre avance/retarde.* / *Meine Uhr geht vor/nach.* / *Mi reloj adelanta/atrasa.* / *o meu relógio está adiantado/atrasado.*

What time is it? / *Quelle heure est-il?* / *Wie spät ist es?* / *¿qué hora es?* / *Que horas são?*
It is one o'clock. / *Il est une heure.* / *Es ist ein Uhr.* / *Es la una.* / *é uma hora.*
...ten past eleven. / *...onze heures dix.* / *...zehn nach elf.* / *son las once y diez.* / *...11 horas e dez minutos.*
...quarter past three. / *...trois heures et quart.* / *...Viertel nach drei.* / *...las tres y cuarto.* / *...3 horas e um quarto.*
...half past four. / *...quatre heures et demie.* / *...halb fünf.* / *...las cuatro y media.* / *...4 e trinta.*
...quarter to six. / *...six heures moins le quart.* / *...Viertel vor sechs.* / *...las seis menos cuarto.* / *...um quarto para as seis.*

second, minute, hour.	seconde, minute, heure.	Sekunde, Minute, Stunde.	segundo, minuto, hora.	segundo, minuto, hora.
Monday, Tuesday,	lundi, mardi,	Montag, Dienstag,	lunes, martes,	segunda-feira, terça-feira.
Wednesday, Thursday,	mercredi, jeudi,	Mittwoch, Donnerstag,	miercoles, jueves	quarta-feira, quinta-feira.
Friday, Saturday, Sunday.	vendredi, samedi, dimanche.	Freitag, Samstag, Sonntag.	viernes, sábado, domingò.	sexta-feira, sábado, domingo.
January, February,	janvier, février,	Januar, Februar,	enero, febrero,	Janeiro, Fevereiro,
March, April, May,	mars, avril, mai,	März, April, Mai,	marzo, abril, mayo,	Março, Abril, Maio,
June, July, August,	juin, juillet, août,	Juni, Juli, August,	junio, julio, agosto,	Junho, Julho, Agosto,
September, October,	septembre, octobre,	September, Oktober,	septiembre, octubre,	Setembro, Outubro,
November, December.	novembre, décembre.	November, Dezember.	noviembre, diciembre.	Novembro, Dezembro.
spring, summer,	printemps, été,	Frühling, Sommer,	primavera, verano,	primavera, verão,
autumn, winter.	automne, hiver.	Herbst, Winter.	otoño, invierno.	outono, inverno.
Christmas, Advent,	Noël, Avent.	Weihnachten, Advent.	Navidades, Adviento.	Natal, Advento.
New Year, Lent.	Nouvel-An, Carême.	Neujahr, Fastenzeit.	Año Nuevo, Cuaresma	Ano Novo, Quaresma.
Easter, Whitsun.	Pâques, Pentecôte.	Ostern, Pfingsten.	Pascua, Pentecostés.	Páscoa, Pentecostes.

Expressions Usuelles/Gebräuchliche Ausdrücke/Expresiones Generales/Expressões Comuns

aliano	Nederlands	Dansk	Svenska	Srpskohrvatski
ille.	duizend.	et tusind.	ett tusen.	hiljadu/tisuću.
illecento.	elfhonderd.	et tusind et hundrede.	ettusenetthundra.	hiljadu sto/tisuću sto.
n quarto.	een kwart.	en kvart.	en fjärdedel.	četvrtina.
n terzo.	een derde.	en trediedel.	en tredjedel.	trećina.
metà.	een half.	en halv.	hälften.	polovina.
empo	**Tijd**	**Tid**	**Tid**	**Vreme**
ri, oggi.	gisteren, vandaag.	i går, i dag.	igår, idag.	juče, danas.
omani.	morgen.	i morgen.	i morgon.	sutra.
uesta mattina.	vanochtend.	i morges.	i morse.	danas pre podne.
uesta sera.	vanavond.	i aften.	i kväll.	večeras.
mezzogiorno.	om 12 uur vanmiddag.	til middag.	klockan tolv.	u podne.
mezzanotte.	om 12 uur vannacht.	ved midnat.	vid midnatt.	u ponoč.
mpre, mai.	altijd, nooit.	altid, aldrig.	alltid, aldrig.	uvek, nikad.
tardi/presto.	*Het is laat/vroeg.*	*Det er sent/tidligt.*	*Det är sent/tidigt.*	*Kasno (dockan) je/Rano je.*
ubito.	Dadelijk.	Med det samme.	genast.	Odmah.
mio orologio va avanti/ndietro.	*Mijn horloge loopt voor/ achter.*	*Mit ur går for hurtigt/ langsomt.*	*Min klocka går före/efter.*	*Sat mi žuri/kasni (zadocnjava)*
he ore sono?	*Hoe laat is het?*	*Hvad er klokken?*	*Vad är klockan?*	*Koliko je sati?*
l'una.	*Het is één uur.*	*Den er et.*	*Klockan är ett.*	*Jedan sat.*
sono le undici e dieci.	...tien over elf.	...ti minutter over elleve.	...tio över elva.	Jedanaest i deset.
le tre e un quarto.	...kwart over drie.	...kvart over tre.	kvart över tre.	Tri i četvrt.
le quattro e mezzo.	...half vijf.	...halv fem.	...halv fem.	Pola pet, četiri i trideset.
le sei meno un quarto.	...kwart voor zes.	...kvart i seks.	...kvart i sex.	Četvrt do šest/šest manje četvrt.
econdo, minuto, ora.	seconde, minuut, uur.	sekund, minut, time.	sekund, minut, timme.	sekunda, minut, sat (čas).
nedi, martedi,	maandag, dinsdag,	mandag, tirsdag,	måndag, tisdag,	ponedeljak, utorak,
ercoledi, giovedi,	woensdag, donderdag,	onsdag, torsdag,	onsdag, torsdag,	sreda, četvrtak,
nerdi, sabato, domenica.	vrijdag, zaterdag, zondag.	fredag, lørdag, søndag.	fredag, lördag, söndag.	petak, subota, nedelja.
nnaio, febbraio,	januari, februari,	januar, februar,	januari, februari,	januar, februar,
arzo, aprile, maggio,	maart, april, mei,	marts, april, maj,	mars, april, maj,	mart, april, maj,
ugno, luglio, agosto,	juni, juli, augustus,	juni, juli, august,	juni, juli, augusti,	jun, jul, avgust,
ttembre, ottobre,	september, oktober,	september, oktober,	september, oktober,	septembar, oktobar,
ovembre, dicembre.	november, december.	november, december.	november, december.	novembar, decembar.
imavera, estate,	voorjaar/lente, zomer,	forår, sommer,	vår, sommar,	proleče, leto,
tunno, inverno.	najaar/herfst, winter.	efterår, vinter.	höst, vinter.	jesen, zima.
atale, Avvento.	Kerstmis, Advent.	jul, advent.	jul, advent.	Božić, Božićni post/Advent.
nno nuovo, Quaresima.	Nieuwjaar, Vasten.	nytår, fastelavn.	nyår, fastlag.	Nova godina, Uskrsnji post/ korizma.
asqua, Pentecoste.	Pasen, Pinksteren.	påske, pinse.	påsk, pingst.	Uskrs, Duhovi.

Expressioni Usuali/Algemene Uitdrukkingen/Almindelige udtryk/Allmänna Uttryck/Uobičajeni Izrazi

KEY PHRASES

English	Français	Deutsch	Español	Português
Colours	**Couleurs**	**Farben**	**Colores**	**Cores**
white, black.	blanc, noir.	weiß, schwarz.	blanco, negro.	branco, preto.
blue, red.	bleu, rouge.	blau, rot.	azul, rojo.	azul, encarnado.
yellow, green.	jaune, vert.	gelb, grün.	amarillo, verde.	amarelo, verde.
orange, brown.	orange, brun.	orange, braun.	naranja, marrón.	laranja, castanho.
KEY PHRASES	**LOCUTIONS CLES**	**REDEWENDUNGEN**	**FRASES CLAVE**	**FRASES CHAVE**
Here is/Here are...	*Voici...*	*Hier ist/Hier sind...*	*Aquí está/Aquí están...*	*Aqui está/Aqui estão.*
Where is/Where are...	*Où se trouve/où se trouvent...*	*Wo ist/Wo sind...*	*¿Dónde está?/¿Dónde están?...*	*Onde está/Onde estão.*
Have you...?	*Avez-vous...?*	*Haben Sie...?*	*¿Tiene?...*	*Você tem...?*
I have/we have...	*J'ai/nous avons...*	*Ich habe/wir haben...*	*Tengo/Tenemos...*	*Eu tenho/Nós temos.*
Is there/are there...?	*Y a-t-il...?*	*Gibt es...?*	*¿Hay...?*	*Está ali?/Estão ali?*
It is...	*Il est...*	*Es ist...*	*Es (ello)...*	*é...*
I am/we are...	*Je suis/nous sommes...*	*Ich bin/wir sind...*	*Soy/Somos-Estoy/Estamos...*	*Eu sou/Nós somos.*
What is this/that?	*Qu'est-ce que ceci/cela?*	*Was ist dies/das?*	*¿Qué es esto?/aquello?*	*O que é isto, aquilo?*
That's fine/O.K.	*Ça va.*	*Das ist in Ordnung/O.K.*	*Está bien/De acuerdo.*	*Está bem/O.K.*
How much is...?	*C'est combien...?*	*Wieviel kostet...?*	*¿Cuánto es?...*	*Quanto custa?*
What time is...?	*A quelle heure est...?*	*Um wieviel Uhr ist...?*	*¿Qué hora es?...*	*Que horas são...*
Take me to...	*Conduisez-moi à...*	*Bringen sie mich nach...*	*Llévame a...*	*Leve-me a...*
Please bring me...	*Je vous prie de m'apporter...*	*Bitte bringen Sie mir...*	*Por favor, tráigame*	*Por favor traga-me.*
Can you recommend...?	*Pourriez-vous recommander...?*	*Können Sie...empfehlen?*	*¿Puede recomendarme...?*	*Pode recomendar-me...*
I should like...	*Je voudrais...*	*Ich möchte gern...*	*Desearia/Quisiera...*	*Eu gostaria...*
to see..	*voir...*	*...sehen.*	*ver...*	*ver..*
to book...	*réserver...*	*...buchen.*	*reservar...*	*reservar...*
to buy...	*acheter...*	*...kaufen.*	*comprar...*	*comprar...*
to telephone.	*téléphoner.*	*...telefonieren.*	*telefonear.*	*telefonar.*
something for...	*un produit pour...*	*etwas zum...*	*algo para...*	*qualquer coisa para...*
something cheaper.	*quelque chose meilleur marché*	*etwas Billigeres.*	*algo más barato.*	*qualquer coisa mais barata.*
something larger.	*quelque chose de plus grand.*	*etwas Größeres.*	*algo mas grande.*	*qualquer coisa maior.*
something smaller.	*quelque chose de plus petit.*	*etwas Kleineres.*	*algo más pequeño.*	*qualquer coisa mais pequena.*
more/less please.	*de plus/de moins s.v.p.*	*mehr/weniger, bitte.*	*más/menos por favor.*	*mais/menos por favor.*
Please call...	*Veuillez appeler...*	*Bitte rufen Sie...an.*	*Llame por favor...*	*Por favor chame.*
May I pay by...?	*Puis-je payer par...?*	*Darf ich mit...bezahlen?*	*¿Puedo pagar con...*	*Posso pagar com...?*
What time do you open/close?	*A quelle heure êtes-vous ouvert/fermé?*	*Wann öffnen/schließen Sie?*	*¿A qué hora abren/cierran.*	*A que horas abrem/fecham?*

Locutions Clés/Redewendungen/Frases Clave/Frases Chave

taliano	Nederlands	Dansk	Svenska	Srpskohrvatski
Colori	Kleuren	Farver	Färger	Boje
ianco, nero.	wit, zwart.	hvid, sort.	vit, svart.	belo, crno.
lu, rosso.	blauw, rood.	blå, rød.	blå, röd.	plavo, crveno.
iallo, verde.	geel, groen.	gul, grøn.	gul, grön.	žuto, zeleno.
rancione, marrone.	oranje, bruin.	orange, brun.	orange, brun.	narandžasto, smedje.
RASI-CHIAVE	SLEUTELZINNEN	NØGLEUDTRYK	VANLIGA FRASER	KLJUČNI IZRAZI
'è/ci sono...	Hier is/hier zijn...	Her er...	Här är...	Izvolite/Evo...
Iove è/dove sono...	Waar is/waar zijn...?	Hvor er...	Var är...	Gde je/Gde su...
'a...?	Heeft u...?	Har De...?	Har ni/du?	Imate li...?
ho/noi abbiamo...	Ik heb/wij hebben...	Jeg har/vi har...	Jag har/vi har...	Imam/imamo...
'è/ci sono...?	Is er/zijn er...?	Er der...?	Finns det...?	Postoji li...?
'...	Het is...	Det er...	Det är...	Postoji...
I sono/noi siamo...	Ik ben/wij zijn...	Jeg er/vi er...	Jag är/vi är.	Ja sam/mi smo...
os'è questo/quello?	Wat is dit/dat?	Hvad er det her/det der?	Vad är detta?	Šta je ovo/to?
a bene.	Dat is prima.	Det er fint/OK.	Det är bra/O.K.	U redu.
uant'è...?	Hoeveel is...?	Hvad koster...?	Hur mycket kostar...?	Koliko košta...?
che ora è...?	Hoe laat is...?	Hvornär er (der)...?	När är...	U koliko sati...?
Ii porti a...	Breng mij naar...	Tag mig til...	Följ med mig till...	Odvedite me u...
er favore mi porti...	Wilt u mij...brengen.	Vær så ventig at bringe mig...	Var snäll hämta...	Molim vas donesite mi...
uò consigliarmi...?	Kunt u...aanbevelen?	Kan De anbefale...?	Kan ni rekommendera...?	Možete li da mi preporučite...?
orrei...	Ik wil graag...	Jeg vil gerne...?	Jag skulle vilja...	Želeo (m.), želela (f.) bih...
vedere...	...zien	se...	se...	da vidim...
Irenotare...	...boeken	reservere...	boka/reservera...	da rezervišem...
acquistare...	...kopen	købe...	köpa...	da kupim...
elefonare.	telefoneren.	telefonere.	telefonera.	da telefoniram.
Jualcosa per...	iets voor...	noget til...	ha något för...	nešto za...
Jualcosa di meno costoso.	wat goedkopers.	noget billigere.	ha något billigare.	nešto jeftinije.
Jualcosa di più grande.	wat groters.	noget større.	ha något större.	nešto veće.
Jualcosa di più piccolo.	wat kleiners.	noget mindre.	ha något mindre.	nešto manje.
Ii più/di meno, per favore.	meer/minder alstublieft.	mere/mindre.	ha mer/mindre.	više/manje molim.
er favore, chiami...	Wilt u...roepen?	Vær så venlig at ringe...	Var snäll ring...	Molim vas pozovite...
osso pagare con...?	Mag ik per...betalen?	Kan jeg betale med...?	Kan jag betala med...?	Mogu li di platim...?
che ora aprite/chiudete?	Hoe laat gaat u open/dicht?	Hvornår åbner/lukker De?	När öppnar ni/stänger ni?	U koliko sati otvarate/ zatvarate?

AT THE HOTEL

English	Français	Deutsch	Español	Português
I have a booking.	J'ai une réservation.	Ich habe ein Zimmer bestellt.	Tengo un reserva.	Eu tenho uma reserva.
Have you any vacancies?	Avez-vous des chambres libres?	Ist bei Ihnen noch etwas frei?	¿Tiene habitaciones libres?	Tem algumas vagas?
May I see the room?	Puis-je voir la chambre?	Darf ich das Zimmer sehen?	¿Puedo ver la habitación?	Posse ver o quarto?
OK, I'll take it.	D'accord, je la prends.	Gut, ich nehme es.	De acuerdo, la quiero.	Está bem fico com ele.
Does the price include...?	Est-ce que le prix comprend...?	Ist...im Preis inbegriffen?	¿Incluye el precio...?	O preço inclui...?
It's for...	C'est pour...	Es ist für...	Es para...	É para...
The key for room...please.	La clef pour la chambre...s'il vous plaît.	Bitte den Schlüssel für Zimmer...	La llave para la habitación...por favor.	A chave do quarto...por favor.
Please call me at...	S'il vous plaît, réveillez-moi à...	Wecken Sie mich bitte um...	Por favor llámeme a...	Por favor, chame-me às...
Where can I park?	Où puis-je garer la voiture?	Wo kann ich parken?	¿Dónde puedo aparcar...?	Onde posso estacionar?
What is the voltage?	Quel est le voltage?	Wieviel Volt hat die Steckdose?	¿Cuál es el voltage?	Qual é a corrente desta tomada?
Are there any letters for me?	Y a-t-il des lettres pour moi?	Ist Post für mich da?	¿Hay cartas para mi?	Há algumas cartas para mim?
Please order me a taxi.	S'il vous plaît, appelez-moi un taxi.	Bestellen Sie mir bitte ein Taxi.	Por favor, pídame un taxi.	Por favor chame-me um táxi.
I shall be leaving at...	Je partirai à...	Ich reise um/...ab.	Partiré a...	Eu devo partir às...
May I have my bill, please?	Ma note, s'il vous plaît?	Darf ich die Rechnung haben?	¿La factura, por favor?	Pode passar-me a conta por favor?
May I have a receipt?	Un récépissé s'il vous plaît?	Geben Sie mir eine Quittung?	¿Puede darme un recibo?	Pode dar-me um recibo?
Can the room be used by a person in a wheelchair?	La chambre est-elle accessible pour un fauteuil roulant?	Ist das Zimmer für Rollstuhlfahrer geeignet?	¿Puede utilizar la habitación una persona en una silla de ruedas (paralítica)?	O quarto pode ser usado por uma pessoa numa cadeira de rodas?
Please clean/wash/iron/mend... these clothes.	Veuillez nettoyer/laver/repasser/raccommoder...ces vêtements.	Bitte reinigen/waschen/bügeln/stopfen (flicken) Sie diese Kleidungsstücke.	Por favor, limpien/laven/planchen/remienden...estoz vestidos.	Por favor limpe/lave/passe a ferro/cosa estas roupas.
Please clean my shoes.	Veuillez nettoyer mes chaussures.	Putzen Sie bitte meine Schuhe.	Por favor, limpie mis zapatos.	Por favor engraxe-me os sapatos.
Can you provide a packed lunch?	Pourriez-vous me préparer un panier-repas?	Können Sie mir ein Picknick vorbereiten?	Puede facilitarme un almuerzo empaquetado?	Pode arranjar-me um almoço volante?
Please take my luggage.	Veuillez prendre mes bagages.	Bitte nehmen Sie mein Gepäck.	Por favor, mi equipaje.	Por favor leve-me a bagagem.
Please collect my luggage.	Veuillez aller chercher mes bagages.	Holen Sie bitte mein Gepäck ab.	Por favor recojan mi equipaje.	Por favor recolha a minha bagagem.
on the ground floor.	au rez-de-chaussée.	im Erdgeschoß.	en el piso bajo.	no res-do-chão.
on the first floor.	au premier étage.	im ersten Stock.	en el primer piso.	no primeiro andar.
Are dogs allowed?	Les chiens sont-ils autorisés?	Darf man Hunde mitbringen?	¿Están permitídos los perros?	São permitidos cães?
hotel, motel.	hôtel, motel.	Hotel, Motel.	hotel, motel.	hotel, motel.
guesthouse.	pension.	Pension.	casa de huéspedes.	pensão.

A l'Hôtel/Im Hotel/En el hotel/No Hotel

aliano	Nederlands	Dansk	Svenska	Srpskohrvatski
o una prenotazione.	Ik heb gereserveerd.	Jeg har en reservation.	Jag har bokat/reserverat.	Imam rezervaciju.
a posti liberi?	Heeft u nog kamers vrij?	Har De noget ledigt?	Finns det lediga rum?	Imate li slobodnih soba?
osso vedere la stanza?	Mag ik de kamer zien?	Må jeg se værelset?	Kan jag få se på rummet?	Mogu li da vidim sobu?
a bene, la prendo.	Goed, die neem ik.	OK, jeg tager det.	OK, jag tar det.	U redu, uzeću je.
prezzo comprende...?	Is...bij de prijs inbegrepen?	Er...inkluderet i prisen?	Är priset inklusive...?	Da li je u cenu uračunato?
per...	Het is voor...	Det er til...	Det är för...	Za...
a chiave della stanza...per avore.	De sleutel voor kamer...alstublieft.	Må jeg få nøglen til værelse...?	Kan jag få nyckeln till rum...	Molim vas ključ za sobu broj...
i svegli alle...	Wilt u mij om...wekken.	Vær så venlig at kalde på mig klokken...	Var snäll väck mig (ring mig) kl...	Probudite me molim vas u...
ove posso posteggiare?	Waar kan ik mijn auto zetten?	Hvor kan jeg parkere?	Var kan jag parkera bilen?	Gde mogu de parkiram?
ual è il voltaggio?	Wat is het voltage?	Hvilken strømstyrke er der?	Vilken spänning är det?	Koliki je napon?
é posta per me?	Is er nog post voor mij?	Er der nogen breve til mig?	Finns det någon post till mig?	Ima li pošte za mene?
i chiami un taxi.	Wilt u een taxi voor mij bestellen.	Skaf mig venligst en taxa.	Var snäll och beställ en taxi.	Molim vas pozovite mi taksi.
arto...	Ik vertrek om...	Jeg skal rejse klokken...	Jag skall resa kl...	Odlazim u...
conto, per favore.	Mag ik de rekening alstublieft?	Må jeg få min regning?	Kan jag få min räkning?	Molim vas račun?
orrei la ricevuta.	Kan ik een kwitantie krijgen?	Må jeg få en kvittering?	Kan jag få ett kvitto?	Mogu li da dobijem potvrdu?
a stanza è adatta per un nvalido in sedia a rotelle?	Is de kamer geschikt voor rolstoelgebruikers?	Kan værelset bruges af en person i rullestol?	Kan rummet användas av en rullstolsbunden person?	Može li sobu koristiti osoba u invalidskim kolicima?
er favore, pulisca/lavi/stiri/ ammendi...questi vestiti.	Wilt u deze kleren schoonmaken/wassen/strÿ-ken/repareren.	Vær så venlig at rense/vaske/stryge/reparere...dette tøj.	Var snäll borsta/tvätta/stryk/laga...dessa kläder.	Molim vas da mi ovo očistite/operete/ispeglate/zakrpite.
er favore, mi pulisca le carpe.	Wilt u mijn schoenen poetsen.	Vær så venlig at pudse mine sko.	Var snäll borsta skorna.	Očistite mi cipele, molim vas.
otete preparare un cestino er la colazione?	Kunt u voor een lunchpakket zorgen?	Kan De sørge for en frokostpakke?	Kan ni göra i ordning ett lunchpaket?	Mogu li dobiti suvu hranu (lanč paket)?
er favore, mi porti bagagli.	Wilt u mijn bagage nemen.	Vær så venlig at tage min bagage.	Var snäll hjälp mig med bagaget.	Molim vas ponesite mi prtljag.
er favore, ritiri i bagagli.	Wilt u mijn bagage ophalen.	Vær så venlig at hente min bagage.	Var snäll hämta ut mitt bagage.	Molim vas snesite mi prtljag.
piano terra.	op de begane grond.	i stueetagen.	på bottenvåningen.	u prizemlju.
imo piano.	op de eerste verdieping.	på første sal.	på andra våningen.	na prvom spratu/katu.
accettano cani?	Zijn honden toegestaan?	Må hunde medbringes?	Tar ni emot hundar?	Mogu li se uvesti psi?
ergo, motel.	hotel, motel.	hotel, motel.	hotell, motell.	hotel, motel.
nsione.	pension.	pensionat.	pensionat.	pansion.

In Albergo/In het Hotel/På Hotellet/På Hotellet/U Hotelu

English	Français	Deutsch	Español	Português
inn.	auberge.	Gaststätte/Gasthaus.	posada/hostería.	pousada.
single room.	chambre à un lit.	Einzelzimmer.	habitación sencilla.	quarto individual.
twin bedded room.	chambre à deux lits.	Zweibettzimmer.	habitación doble.	quarto duplo (cama de casal)
double room.	chambre à grand lit.	Doppelzimmer.	habitación con cama de matrimonio.	quarto duplo (com duas camas).
with/without W.C.	avec/sans W.C.	mit/ohne W.C.	con/sin W.C.	com/sem casa de banho.
bathroom, shower.	salle de bains, douche.	Bad, Dusche.	cuarto de baño, ducha.	casa de banho, chuveiro.
with a cot.	avec un lit d'enfant.	mit einem Kinderbett.	con una cuna.	com um berço.
one/two adult(s).	un/deux adulte(s).	ein/zwei Erwachsene(r).	uno/dos adulto(s).	um/dois adultos.
one/two child(ren)	un/deux enfant(s).	ein/zwei Kind(er).	unos/dos niño(s).	uma/duas crianças.
one/two night(s).	une/deux nuit(s).	eine Nacht/zwei Nächte.	una/dos noche(s).	uma/duas noites.
full board.	pension complète.	Vollpension.	pensión completa.	pensão completa.
half board.	demi-pension.	Halbpension.	media pensión.	meia pensão.
with breakfast only.	avec petit déjeuner seulement.	nur mit Frühstück.	sólo con desayuno.	só com o pequeno almoço.
lift.	ascenseur.	Aufzug.	ascensor.	elevador.
breakfast.	petit déjeuner.	Frühstück.	desayuno.	pequeno almoço.
lunch.	déjeuner.	Mittagessen.	almuerzo.	almoço.
dinner.	dîner.	Abendessen.	cena.	jantar.
registration form.	bulletin d'enregistrement.	Anmeldeformular.	hoja de registro.	ficha de inscrição.
key.	clef.	Schlüssel.	llave.	chave.
car park.	parking.	Parkplatz.	aparcamiento.	parque de estacionamento.
receptionist.	réceptionniste.	Empfangschef.	recepcionista.	recepcionista.
manager.	directeur.	Direktor.	director.	director.
waiter/waitress.	garçon/serveuse.	Kellner/Kellnerin.	camarero/camarera	criado/criada.
porter.	concierge.	Portier.	portero.	porteiro.
chambermaid.	femme de chambre.	Zimmermädchen.	doncella.	criada de quarto.
T.V./radio.	télé/radio.	Fernsehen/Radio.	televisión/radio.	TV(televisão)/rádio.
bill.	note.	Rechnung.	factura.	conta.
pillow.	oreiller.	Kissen.	almohada.	almofada.
sheets.	draps.	Bettücher.	sábanas.	lençóis.
blanket.	couverture.	Decke.	manta.	cobertor.
coat hangar.	cintre.	Kleiderbügel.	percha.	cabide.
towel.	serviette de toilette.	Handtuch.	toalla.	toalha.
ashtray.	cendrier.	Aschenbecher.	cenicero.	cinzeiro.
room service.	service d'étage.	Zimmerdienst.	servicio de piso.	serviço de quartos.
service charge.	service.	Bedienungszuschlag.	precio del servicio.	taxa de serviço.

A l'Hôtel/Im Hotel/En el hotel/No Hotel

Italiano	Nederlands	Dansk	Svenska	Srpskohrvatski
locanda.	herberg.	kro.	värdshus.	gostionica (krčma).
stanza singola.	eenpersoonskamer.	enkeltværelse.	enkelrum.	jednokrevetna soba.
stanza a due letti.	kamer met twee bedden.	tosengsværelse.	dubbelrum.	dvokrevetna soba.
stanza matrimoniale.	tweepersoonskamer.	dobbeltværelse.	rum med dubbelsäng.	soba sa francuskim ležajem.
con/senza bagno.	met/zonder toilet.	med/uden W.C.	med/utan toalett.	sa/bez W.C.
bagno, doccia.	badkamer, douche.	bad, brusebad.	badrum, dusch.	kupatilo, tuš.
con un lettino.	met een kinderbedje.	med en barneseng.	med barnsäng.	sa pomoćnim ležajem/ kreveticém.
un adulto/due adulti.	één/twee volwassene(n).	en voksen/to voksne.	en/två vuxna.	jedan odrasli/dvoje odraslih.
un bambino/due bambini.	één/twee kind(eren).	et barn/to børn.	ett/två barn.	jedno dete/dvoje dece.
una notte/due notti.	één/twee nacht(en).	en nat/to nætter.	en/två nätter.	jedna noć/dve noći.
con pensione completa.	vol pension.	helpension.	helpension.	puni pansion.
con mezza pensione.	half pension.	halvpension.	halvpension.	polupansion.
con la prima colazione soltanto.	alleen met ontbijt.	kun med morgenmad.	med frukost.	samo sa doručkom.
ascensore.	lift.	elevator.	hiss.	lift.
prima colazione.	ontbijt.	morgenmad.	frukost.	doručak.
pranzo.	lunch.	frokost.	lunch.	ručak.
cena.	diner.	middag.	middag.	večera.
scheda di registrazione.	registratieformulier.	registreringsblanket.	registreringsblankett.	prijavnica.
chiave.	sleutel.	nøgle.	nyckel.	ključ.
parcheggio.	parkeerterrein.	parkeringsplads.	parkering.	parkiralište.
receptionist.	receptionist(e).	receptionschef.	receptionist.	recepcioner.
direttore.	manager.	direktør.	direktör.	direktor.
cameriere/cameriera di sala.	kelner/serveerster.	tjener/servitrice.	kypare, servitör/servitris.	konobar/konobarica.
facchino.	portier.	portier.	bärare.	portir.
cameriere ai piani.	kamermeisje.	stuepige.	städerska.	sobarica.
TV/radio.	T.V./radio.	TV/radio.	TV/radio.	televizija/radio.
conto.	rekening.	regning.	räkning.	račun.
cuscino.	kussen.	pude.	kudde.	jastuk.
lenzuola.	lakens.	lagener.	lakan.	čaršavi/posteljina/plahte.
coperta.	deken.	tæppe.	filt.	ćebe/pokrivač.
attaccapanni.	kleerhanger.	bøjle.	galge.	vešalica/čiviluk.
asciugamano.	handdoek.	håndklæde.	handduk.	peškir/ubrus/ručnik.
portacenere.	asbak.	askebæger.	askfat.	pepeljara.
servizio in camera.	room service.	room service.	rumsservice.	usluga u sobi.
costo del servizio.	bedieningsgeld.	betjening	serviceavgift	naknada za uslugu.

English	Français	Deutsch	Español	Português
I have booked a table.	*J'ai réservé une table.*	*Ich habe einen Tisch bestellt.*	*He reservado una mesa.*	*Reservei uma mesa.*
A table for...please.	*Une table pour...s'il vous plaît.*	*Bitte einen Tisch für...Personen.*	*Una mesa para...por favor.*	*uma mesa para...por favor.*
Is this table taken?	*Cette table est-elle libre?*	*Ist dieser Tisch frei?*	*¿Está reservada esta mesa?*	*Esta mesa está ocupada?*
May I have...please.	*Je voudrais...s'il vous plaît.*	*Bringen Sie mir bitte...*	*Puedo tomar...por favor.*	*Dá-me licença...por favor.*
Do you serve children's portions?	*Servez-vous des portions d'enfant?*	*Haben Sie Kinderportionen?*	*¿Sirven raciones para niños?*	*Servem meias doses (doses para crianças)?*
The food is cold.	*Le plat est froid.*	*Das Essen ist kalt.*	*La comida/está fría.*	*A comida está fria.*
It is not properly cooked.	*Ce n'est pas bien cuit.*	*Es ist nicht richtig zubereitet.*	*No está adecuadamente cocinada.*	*Está mal cozinhada.*
May I have the bill?	*L'addition s'il vous plaît?*	*Darf ich die Rechnung haben?*	*¿La factura por favor?*	*A conta por favor.*
Is service included?	*Le service est-il compris?*	*Ist die Bedienung inbegriffen?*	*¿Está incluído el servicio?*	*A taxa de serviço está incluída?*
What is your speciality?	*Quelle est votre spécialité?*	*Was ist Ihre Spezialität?*	*¿Cuál es su especialidad?*	*Qual é a vossa especialidade?*
restaurant.	restaurant.	Restaurant.	restaurante.	restaurante.
self service cafe.	libre-service.	Selbstbedienungscafé.	self service.	self service.
bar.	bar.	Bar.	bar.	bar.
take-away.	mets à emporter.	Zum Mitnehmen.	para llevar.	refeição volante.
à la carte menu.	menu à la carte.	nach der Speisekarte essen.	menú a la carta.	à lista.
fixed price menu.	menu à prix fixe.	Tagesmenü.	menú de precio fijo.	ementa de preço fixo.
tourist menu.	menu touristique.	Touristenmenü.	menú turístico.	ementa turística.
wine list.	carte des vins.	Weinkarte.	lista de vinos.	lista de vinhos.
ladies/gentlemen's toilet.	toilettes pour dames/pour hommes.	Damen-/Herrentoilette.	aseos de señoras/caballeros.	lavabos de senhoras/lavabos de homens.
coffee black/white.	café noir/au lait.	Kaffee, schwarz/mit Milch.	café solo/con leche.	café/café com leite.
tea-with milk/lemon.	thé au lait/au citron.	Tee mit Milch/Zitrone.	té con leche/limón.	chá com leite/chá de limão.
orange juice.	jus d'orange.	Orangensaft.	zumo de naranja.	sumo de laranja.
grapefruit juice.	jus de pamplemousse.	Grapefruitsaft.	zumo de pomelo.	sumo de toranja.
tomato juice.	jus de tomate.	Tomatensaft.	zumo de tomate.	sumo de tomate.
milk.	lait.	Milch.	leche.	leite.
sugar.	sucre.	Zucker.	azúcar.	açúcar.
bread, butter.	pain, beurre.	Brot, Butter.	pan, mantequilla.	pão, manteiga.
roll, croissant.	petit pain, croissant.	Brötchen, Croissant.	bollo, croissant.	pão de leite, croissant.
jam.	confiture.	Konfitüre.	confitura.	compota.
marmalade.	confiture d'oranges.	Orangenmarmelade.	mermelada de naranja.	doce de laranja.
starter.	hors d'ouevre.	Vorspeise.	entremeses.	entrada.
clear soup.	bouillon.	Fleischbrühe.	consomé.	caldo.
cream soup.	velouté.	legierte Suppe.	crema.	sopa.

Italiano	Nederlands	Dansk	Svenska	Srpskohrvatski
Ho prenotato un tavolo.	*Ik heb een tafel gereserveerd.*	*Jeg har reserveret et bord.*	*Jag har beställt ett bord.*	*Rezervisao sam sto.*
Un tavolo per...per favore.	*Een tafel voor...alstublieft*	*Jeg vil gerne have et bord til...*	*Har ni ett bord för...*	*Molim sto za...osoba*
E' occupato questo tavolo?	*Is deze tafel bezet?*	*Er dette bord optaget?*	*Är det här bordet reserverat?*	*Da li je ovaj sto slobodan?*
Vorrei...per favore.	*Mag ik...alstublieft.*	*Må jeg få...*	*Jag skulle vilja ha...*	*Molim vas mogu li dobiti...*
Servite porzioni per bambini?	*Serveert U ook kinderporties?*	*Serverer De børneportioner?*	*Serverar ni barnportioner?*	*Imate li dečje porcije?*
Il cibo è freddo.	*Het eten is koud.*	*Maden er kold.*	*Maten är kall.*	*Jelo je hladno.*
Non è ben cotto.	*Het is niet goed klaargemaakt.*	*Den er ikke ordentlig tilberedt.*	*Det är inte tillräckligtlagat.*	*Nije dovoljno kuvano.*
Il conto, per favore.	*Mag ik de rekening?*	*Må jeg få regningen?*	*Kan jag få räkningen?*	*Molim vas račun?*
Il servizio è compreso?	*Is de bediening inbegrepen?*	*Er det inklusive betjening?*	*Är servicen inräknad?*	*Da li je napojnica uračunata?*
Qual è la vostra specialità?	*Wat is uw specialiteit?*	*Hvad er Deres specialitet?*	*Har ni någon specialitet?*	*Šta je vaš specijalitet?*
ristorante.	restaurant.	restaurant.	restaurang.	restoran.
self service.	cafetaria.	cafeteria.	självservering.	restoran sa samousluživanjem.
bar.	bar.	bar.	bar.	krčma/kafić/bar.
da asportare.	afhaalrestaurant.	tage med hjem.	att ta med sig.	restoran sa gotovom hranom za nošenje.
menù alla carta.	à la carte spijskaart.	à la carte menu.	a la carte-matsedeln.	jelovnik a-la-kart.
menù a prezzo fisso.	vast menu.	dagens middag.	dagens rätt.	komplet meni.
menù turistico.	toeristenmenu.	turist/menu.	turistmeny.	turistički meni.
lista dei vini.	wijnkaart.	vinkort.	vinlistan.	vinska karta.
toilette per signore/signori.	dames-/herentoilet.	dame/herretoilet.	damtoaletten/herrtoaletten.	ženski/muški toalet/zahod.
caffé nero/macchiato.	koffie, met/zonder melk.	kaffe sort/med mælk.	kaffe utan/med grädde/mjölk.	kafa crna/bela.
tè - con latte/limone.	thee, met melk/citroen.	te - med mælk/citron.	te - med mjölk/citron.	čaj - sa mlekom/limunom.
succo d'arancia.	sinaasappelsap.	orange juice.	apelsinjuice.	sok od narandže.
succo di pompelmo.	grapefruitsap.	grapefrugt juice.	grapefruktjuice.	sok od grepfruta.
succo di pomodoro.	tomatensap.	tomatjuice.	tomatjuice.	sok od paradajza (rajčice).
latte.	melk.	mælk.	mjölk.	mleko.
zucchero.	suiker.	sukker.	socker.	šećer.
pane, burro.	brood, boter.	brød, smør.	bröd, smör.	hleb/kruh, buter/maslac.
panino, brioche.	broodje, croissant.	rundstykke, croissant.	franskbröd, giffel.	pecivo, kifla.
marmellata.	jam.	syltetøj/marmelade.	sylt/marmelad.	džem.
marmellata d'arance.	marmelade.	orangemarmelade.	marmelad.	marmelada od naranče.
antipasto.	voorgerecht.	hors d'oevre.	förrätt.	predjelo.
brodo.	heldere soep.	klar suppe.	buljong.	supa, bistra juha.
crema di verdure.	gebonden soep.	flødelegeret suppe.	soppa.	čorba, gusta juha.

Al Ristorante/In het Restaurant/På restauranten/På Restaurangen/U Restoranu

AT THE RESTAURANT

English	Français	Deutsch	Español	Português
fish course.	poisson.	Fisch.	pescado.	prato de peixe.
main course.	le plat de résistance.	Hauptgericht.	plato principal.	prato principal.
meat.	viande.	Fleisch.	carne.	carne.
chop or cutlet.	côtelette.	Kotelett oder Schnitzel.	trinchado o en chuletas.	costoleta.
grilled, fried.	grillé(e), frit(e).	gegrillt gebraten.	a la parrilla, frito.	grelhado, frito.
stewed, baked.	à l'étouffée, au four.	gedünstet, gebacken.	estofado, cocido al horno.	estufado, cozido no forno.
roast, boiled.	rôti(e), bouilli(e).	geröstet, gekocht.	asado, hervido.	assado, cozido em água.
veal.	veau.	Kalbfleisch.	ternera.	vitela.
beef.	boeuf.	Rindfleisch.	vaca.	vaca.
lamb.	agneau.	Lamm.	cordero.	cordeiro.
pork.	porc.	Schweinefleisch.	cerdo.	porco.
chicken.	poulet.	Huhn.	pollo.	galinha.
ham.	jambon.	Schinken.	jamón.	presunto.
steak.	bifteck.	Steak.	biftec.	bife.
rare, medium, well done.	saignant, à point, bien cuit.	blutig (englisch), halb durch, durchgebraten.	poco hecho, medio hecho, bien hecho.	em sangue, mal passado, bem passado.
bacon.	bacon.	Speck.	tocino.	bacon - toucinho entremeado.
eggs.	oeufs.	Eier.	huevos.	ovos.
boiled, fried, scrambled poached.	à la coque, sur le plat, brouillés, pochés.	gekocht, gebraten, Rührei, pochiertes Ei.	hervido, frito, revuelto, escalfados.	cozidos, fritos, mexidos, escalfados.
savoury omelette.	omelette aux fines herbes.	Omelette mit feinen Kräutern.	tortilla.	omeleta de salsa.
chips.	frites.	Pommes frites.	patatas fritas.	batatas fritas.
rice.	riz.	Reis.	arroz.	arroz.
pasta.	pâtes.	Teigwaren.	pasta.	massa italiana.
salad... green/mixed.	salade... verte/panachée.	Salat... grün/gemischt.	ensalada... verde/mixta.	salada... verde/mista.
vegetables.	légumes.	Gemüse.	legumbres.	legumes.
dessert.	dessert.	Dessert.	postre.	sobremesa.
fruit.	fruits.	Obst.	fruta.	fruta.
cheese.	fromages.	Käse.	queso.	queijo.

(For list of main foods see p 26)	*(Pour une liste des principales denrées voir page 26)*	*(vgl. auch die Liste der gebräuchlichsten Lebensmittel, s 26)*	*Para una lista de las comidas más importantes véase pagina 26)*	*(Para uma lista mais completa ver pág 26)*
salt & pepper.	sel et du poivre.	Salz und Pfeffer.	sal y pimienta.	sal e pimenta.
oil, vinegar.	huile, vinaigre.	Öl, Essig.	aceite, vinagre.	azeite, vinagre.

Au Restaurant/Im Restaurant/En el Restaurante/No Restaurante

Italiano	Nederlands	Dansk	Svenska	Srpskohrvatski
piatto di pesce.	visgerecht.	fiskeret.	fiskrätt.	riba.
portata principale.	hoofdgerecht.	hovedret.	huvudrätt.	glavno jelo.
carne.	vlees.	kød.	kött.	meso.
costoletta.	karbonade.	kotelet.	kotlett.	kotlet.
alla griglia, fritto.	gegrild, gebraden/gabakken.	grilleret, stegt.	grillad, stekt.	na žaru, pržen.
stufato/in umido, al forno.	gestoofd, gebakken.	sammenkogt, bagt.	stuvad, bakad.	u sosu, pečen.
arrosto, bollito.	gebraden, gekookt.	stegt, kogt.	stekt, kokt.	pečeno ucelo, bareno/kuvano.
vitello.	kalfsvlees.	kalvekød.	kalvkött.	teletina.
manzo.	rundvlees.	oksekød.	nötkött	govedina.
agnello.	lamsvlees.	lam.	lamm.	jagnjetina.
maiale.	varkensvlees.	svinekød.	fläsk.	svinjetina.
pollo.	kip.	kylling.	kyckling.	piletina.
prosciutto.	ham.	skinke.	skinka.	šunka.
bistecca.	biefstuk.	steak.	biff.	odrezak, šnicla.
al sangue, giusta, ben cotta.	even aangebakken, medium, doorbakken.	rød, mellem, gennemstegt.	blodig, medium, välstekt.	krvavo, srednje pečeno, dobro pečeno.
pancetta.	bacon.	bacon.	bacon.	slanina.
uova.	eieren.	æg.	ägg.	jaja.
sode, al tegamino, strapazzate, in camicia.	gekookte, gebakken, roereieren, gepocheerde.	kogt, stegt, røræg, pocheret.	kokt, stekt, äggröra, pocherat.	kuhana/rovita, pržena, kajgana, poširana jaja.
omelette alle erbe.	hartige omelet.	krydret omelet.	omelett.	omlet sa finim začinima.
patate fritte.	patates frites.	pommes frites.	pommes frites.	pržen krompir.
riso.	rijst.	ris.	ris.	pirinaď/riža.
pasta.	deeggerechten.	pasta.	pasta.	testenina/pašta.
insalata...	sla...	salat...	sallad...	salata...·
verde/mista.	groene/gemengde sla.	grøn/blandet.	grönsallad/blandad sallad.	zelena/mešana.
verdura.	groenten.	grøntsager.	grönsaker.	povrće, varivo.
dessert.	dessert.	dessert.	efterätt/dessert.	slatkiši.
frutta.	fruit.	frugt.	frukt.	voće.
formaggio.	kaas.	ost.	ost.	sir.

(Per l'elenco dei cibi principali vedi pag 26)	*(Zie blz 26 voor voornaamste etenswaren)*	*(vedr. liste over hovedretter, se side 26)*	*(Förteckning över livsmedel, se sidan 26)*	*(Za spisak glavnih prehrambenih proizvoda vidi str 26)*
sale e pepe.	peper en zout.	salt & peber.	salt och peppar.	so i bibe/papar.
olio, aceto.	olie, azijn.	olie, eddike.	olja, vinäger.	ulje i sirce (kvasina, ocat)

SHOPPING

English	Français	Deutsch	Español	Português
French dressing.	vinaigrette.	Vinaigrette.	vinagreta.	molho francês.
mustard.	moutarde.	Senf.	mostaza.	mostarda.
ice cream.	glaces.	Eiscreme.	helado.	gelado.
water (iced).	eau (glacée).	Wasser (Eiswasser).	agua (helada).	água com gelo.
mineral water.	eau minérale.	Mineralwasser.	agua mineral.	água mineral.
glass of wine.	verre de vin.	Glas Wein.	vaso de vino.	copo de vinho.
half bottle/bottle.	demi-bouteille/bouteille.	halbe Flasche/Flasche.	media botella/botella.	meia garrafa/garrafa de litro.
white/red/rosé.	blanc/rouge/rosé.	weiß/rot/rosé.	blanco/tinto/rosado.	branco/tinto/rosé.
beer.	bière.	Bier.	cerveza.	cerveja.
cider.	cidre.	Most.	sidra.	cidra.
lemonade.	limonade.	Limonade.	limonada.	limonada.
orangeade.	orangeade.	Orangeade.	naranjada.	laranjada.
snack.	casse-croûte.	Imbiß.	aperitivo/piscolabis.	aperitivos salgados.
ham sandwich.	sandwich au jambon.	Schinkenbrot.	sandwich de jamón.	sanduíche de presunto.
toasted sandwich.	sandwich grillé.	Käse-/Schinkentoast.	tostada.	tosta mista.
hot dog.	hot-dog.	heiße Würstchen.	perro caliente.	cachorro.
hamburger.	hamburger.	Hamburger.	hamburguesa.	hamburger.
hot chocolate.	chocolat chaud.	heiße Schokolade.	chocolate caliente.	chocolate quente.
knife, fork.	couteau/fourchette.	Messer, Gabel.	tenedor, cuchillo.	faca/garfo.
spoon, tea/dessert.	cuillère, petite/à dessert.	Tee-/Kaffee-/Dessertlöffel.	cuchara de té/de postre.	colher, de chá/de sobremesa.
cup, saucer.	tasse, soucoupe.	Tasse, Untertasse.	taza, platillo.	chávena/pires.
plate, dish.	assiette, plat.	Teller, Schüssel (Platte).	plato, bandeja.	prato.
serviette.	serviette.	Serviette.	servilleta.	guardanapo.

SHOPPING	**LES ACHATS**	**BEIM EINKAUFEN**	**DE COMPRAS**	**COMPRAS**
Bank/Money exchange	**Banques/Bureaux de change**	**Bank/Geldwechsel**	**Banco/Cambio de dinero**	**Banco/Câmbio monetário.**
I'd like to cash...	*Je voudrais toucher...*	*Ich möchte...einlösen*	*Deseo hacer efectivo...*	*Gostaria de trocar...*
Please change this into...	*Veuillez changer ceci en...*	*Bitte wechseln Sie mir das in...*	*Por favor cambie esto en...*	*Por favor troque-me isto em...*
(for list of currencies see page 20)	*(pour une liste des monnaies voir p 20)*	*(Währungstabelle siehe Seite 20)*	*(para una lista de manedas vease página 20)*	*(Para lista de câmbios veja a pag 20)*
What is the exchange rate?	*Quel est le taux de change?*	*Wie ist der Wechselkurs?*	*¿Cuál es la tarifa de cambio?*	*Qual é a taxa de câmbio?*
Here is my passport.	*Voici mon passeport.*	*Heir ist mein Reisepaß.*	*Aquí está mi pasaporte.*	*Aqui tem o meu passaporte.*
When do the banks open/close?	*A quelle heure les banques ouvrent-elles/ferment-elles?*	*Wann öffnen/schließen die Banken?*	*¿Cuando abren/cierran los bancos?*	*A que horas abrem/fecham os bancos?*
cheque/travellers cheque.	chèque/chèque de voyages.	Scheck/Reisescheck.	cheque/cheques de viaje.	cheque/cheque de viagem.

Les Achats/Beim Einkaufen/De compras/Compras

Italiano	Nederlands	Dansk	Svenska	Srpskohrvatski
condimento per insalata.	vinaigrette.	fransk dressing.	fransk dressing.	sos vinegret.
senape.	mosterd.	sennep.	senap.	senf, slačica.
gelato.	roomijs.	is.	glass.	sladoled.
acqua (con ghiaccio).	water (ijswater).	vand (isvand).	vatten (isvatten).	obična voda (hladna).
acqua minerale.	mineraalwater.	mineralvand.	mineralvatten.	mineralna (kisela)voda.
bicchiere di vino.	glas wijn.	(et) glas vin.	glas vin.	čaša vina.
mezza bottiglia/bottiglia.	halve fles/hele fles.	halv flaske/flaske.	helbutelj/halvbutelj.	pola boce/boca.
bianco/rosso/rosé.	wit/rood/rosé.	hvid/rød/rosé.	vitt/rött/rosé.	belo/crno/ružica (opol).
birra.	bier.	øl.	öl.	pivo.
sidro.	cider.	cider.	cider.	sok od jabuke.
limonata.	citroenlimonade.	limonade sodavand	läskedryck.	limunada.
aranciata.	ranja, sinas.	orangeade sodavand.	apelsindricka.	oranžada.
spuntino.	snack.	snack.	smörgås.	užina, marenda.
panino al prosciutto.	boterham met ham.	skinkesandwich.	skinksmörgås.	sendvič sa šunkom.
toast.	geroosterde boterham.	ristet sandwich.	varm smörgås.	topli sendvič.
panino con würstel.	hot dog.	hotdog.	varmkorv med bröd.	viršle.
hamburger.	hamburger.	bøfsandwich.	hamburgare.	pljeskavica.
cioccolata calda.	warme chocolademelk.	varm chokolade.	varm choklad.	vruća čokolada.
coltello, forchetta.	mes, vork.	kniv, gaffel.	kniv, gaffel.	nož, viljuška.
cucchiaio, da tè/da dolce.	lepel, thee/dessert.	ske, te/dessert.	sked, tesked/dessertsked.	kašika/žlica, kašičica/žlicica.
tazza, piattino.	kop, schotel.	kop, underkop.	kopp, fat.	šolja, tanjirić.
piatto.	bord, schaal.	tallerken, fad.	tallrik, maträtt.	tanjir, činija (zdjela).
tovagliolo.	servet.	serviet.	servett.	servijeta.
ACQUISTI	**WINKELEN**	**INDKØB**	**SHOPPING**	**KUPOVINA**
Banca/Agenzia di cambio	**Bank/Wisselkantoor**	**Bank/Pengeveksling**	**Bank/Växling**	**Banka/Menjačnica**
Vorrei incassare...	*Ik wil graag...verzilveren.*	*Jeg vil gerne hæve...*	*Jag vill växla in...*	*Želeo (m.)/Želela (f.) bih da unovčim...*
Per favore mi cambi questo in...	*Wilt u dit wisselen voor...*	*Vær så venlig at veksle denne til...*	*Var snäll växla detta till...*	*Molim vas, promenite mi ovo u...*
(per l'elenco delle valute vedi pag 20)	*(zie pagina 20 voor valutalijst)*	*(vedrørende valutaliste se side 20)*	*(namnen på olika valutor finns på sidan 20)*	*(Za spisak valuta vidi str 20)*
Qual'è il cambio?	*Wat is de wisselkoers?*	*Hvad er valutakursen?*	*Vad är växlingskursen?*	*Kakav je kurs?*
Ecco il mio passaporto.	*Hier is mijn paspoort.*	*Her er mit pas.*	*Här är mitt pass.*	*Izvolite moj pasoš.*
Quando aprono/chiudono le banche?	*Wanneer zijn de banken open/gesloten?*	*Hvornår åbner/lukker bankerne?*	*När öppnar bankerna/stänger bankerna?*	*Kakvo je radno vreme banaka?*
assegno/travellers cheque.	cheque, travellers cheque.	check/rejsecheck.	check/resecheck.	ček/putnički ček.

SHOPPING

English	Français	Deutsch	Español	Português
credit card.	carte de crédit.	Kreditkarte.	tarjeta de crédito.	cartão de crédito.
money.	argent.	Geld.	dinero.	dinheiro.
bank notes/coins.	billets/des pièces.	Banknoten/Münzen.	billete de banco/monedas.	notas/moedas.

Post Office/Telephones / Postes/Téléphones (PTT) / Postamt/Telefon / Oficina de Correos/Teléfonos / Correios/Telefones

English	Français	Deutsch	Español	Português
How much is a stamp for...?	*Combien coûte un timbre pour...?*	*Wieviel kostet eine Briefmarke nach...?*	*¿Cuánto vale un sello para...?*	*Quanto custá um selo para...?*
Austria	Autriche	Österreich (**Schilling**)	Austria	Austria
Belgium	Belgique (**Franc**)	Belgien	Bélgica	Bélgica
Denmark	Danemark	Dänemark	Dinamarca	Dinamarca
France	France (**Franc**)	Frankreich	Francia	França
W. Germany	Allemagne d'Ouest	Bundesrepublik Deutschland (**Deutschemark**)	Republica Federal de Alemania	República Federal Alemã
Ireland (**Punt**)	Irlande	Irland	Irlanda	Irlanda
Italy	Italie	Italian	Italia	Itália
Luxembourg	Luxembourg (**Franc**)	Luxemburg	Luxemburgo	Luxemburgo
Netherlands	Pays-Bas	Niederlande	Paises Bajos	Holanda
Portugal	Portugal	Portugal	Portugal	Portugal (**Escudo**)
Spain	Espagne	Spanien	España (**Peseta**)	Espanha
Sweden	Suède	Schweden	Suecia	Suécia
Switzerland	Suisse (**Franc**)	Schweiz	Suiza	Suiça
Yugoslavia	Yougoslavie	Jugoslawien	Yugoslavia	Jugoslávia
United Kingdom (**Pound**)	Royaume-Uni	Großbritannien	Reino Unido	Reino Unido
I'd like to send a telegram.	*Je voudrais envoyer un télégramme.*	*Ich möchte ein Telegramm aufgeben.*	*Quisiera enviar un telegrama.*	*Eu gostaria de mandar um telegrama.*
I'd like this number.	*Je voudrais ce numéro.*	*Ich möchte diese Nummer anrufen.*	*Quisiera este número.*	*Eu queria ligar para este número.*
(show number).	*(montrez le numéro).*	*(Nummer zeigen).*	*(mostrar el número).*	*mostrar o número).*
Where can I telephone?	*Où puis-je téléphoner?*	*Wo kann ich telefonieren?*	*¿Dónde puedo telefonear?*	*Onde posso telefonar?*
letter/postcard.	lettre/carte postale.	Brief/Postkarte.	carta/postal.	carta/postal.
parcel.	paquet.	Paket.	paquete.	embrulho.
air mail.	par avion.	Luftpost.	por avión.	por avião.
registered mail.	recommandés.	Einschreiben.	correo certificado.	correio registado.
express mail.	par exprès.	Eilboten.	correo urgente.	correio expresso.
air mail sticker.	étiquette "par avion".	Luftpost-Aufkleber.	etiqueta de envío aéreo.	etiqueta por via aérea.
post box.	boîte aux lettres.	Briefkasten.	buzón.	caixa do correio.
telephone box.	cabine téléphonique.	Telefonzelle.	cabina de teléfono.	cabine telefónica.
telephone directory.	annuaire des téléphones.	Telefonbuch.	guía telefónica.	lista telefónica.

Les Achats/Beim Einkaufen/De compras/Compras

Italiano	Nederlands	Dansk	Svenska	Srpskohrvatski
carta di credito.	credit card.	kreditkort.	kreditkort.	kreditna kartica.
denaro.	geld.	penge.	pengar.	novac.
banconote/moneta.	bankbiljetten/munten.	sedler/mønter.	sedlar/mynt.	novčanice/sitnina.

Posta/Telefoni	**Postkantoor/Telefoon**	**Postkontor/Telefon**	**Postkontor/Telefon**	**Pošta/Telefon**
Che francobollo occorre per...?	*Hoeveel kost een postzegel voor...?*	*Hvad koster et frimærke til...?*	*Vad är portot till...?*	*Koliko košta marka za...?*
Austria	Oostenrijk	Østrig	Österrike	Austrija
Belgio	België	Belgien	Belgien	Belgija
Danimarca	Denemarken	Danmark (*Krone*)	Danmark	Danska
Francia	Frankrijk	Frankrig	Frankrike	Francuska
Repubblica Federale Tedesca	West-Duitsland	Vesttyskland	Västtyskland	Savezna Republika Nemačka
Irlanda	Ierland	Irland	Irland	Irska
Italia (*Lira*)	Italië	Italien	Italien	Italija
Lussemburgo	Luxemburg	Luxembourg	Luxemburg	Luksemburg
Olanda	Nederland (*Gulden*)	Holland	Holland	Holandija
Portogallo	Portugal	Portugal	Portugal	Portugalija
Spagna	Spanje	Spanien	Spanien	Španija
Svezia	Zweden	Sverige	Sverige (*Krona*)	Švedska
Svizzera	Zwitserland	Schweiz	Schweiz	Švajcarska
Yugoslavia	Joegoslavië	Jugoslavien	Jugoslavien	Jugoslavija (*Dinar*)
Regno Unito	Groot-Brittanië	Storbritannien	Storbritannien	Velika Britanija
Vorrei mandare un telegramma.	*Ik wil graag een telegram versturen.*	*Jeg vil gerne sende et telegram.*	*Jag vill sända ett telegram.*	*Želim da pošaljem telegram.*
Vorrei questo numero.	*Ik wil graag dit nummer.*	*Jeg vil gerne have dette nummer.*	*Jag vill ringa detta nummer.*	*Molio bih ovaj broj.*
(mostrare il numero).	*(nummer laten zien).*	*(vis nummeret).*	*(visa numret).*	*(pokazati broj).*
Dove posso telefonare?	*Waar kan ik telefoneren?*	*Hvor kan jeg telefonere?*	*Var kan jag telefonera?*	*Gde mogu da telefoniram?*
lettera/cartolina.	brief/prentbriefkaart.	brev/postkort.	brev/vykort.	pismo/dopisnica.
pacco.	pakje.	pakke.	paket.	paket.
posta aerea.	luchtpost.	luftpost.	flygpost.	avionska pošta.
raccomandata.	aangetekend.	anbefaletbrev.	rekommenderat brev.	preporučeno.
espresso.	per expresse.	ekspres.	expressbefordran.	express.
etichetta per posta aerea.	luchtpoststrookje.	luftpost-mærkat.	flygpostmärke.	nalepnica za avionsku poštu.
casella postale.	brievenbus.	postkasse.	brevlåda.	poštansko sanduče.
cabina telefonica.	telefooncel.	telefonboks.	telefonhytt.	telefonska govornica.
elenco telefonico.	telefoonboek.	telefonbog.	telefonkatalog.	telefonski imenik.

Acquisti/Winkelen/Indkøb/Shopping/Kupovina

SHOPPING

English	Français	Deutsch	Español	Português
General shopping	**Achats (généraux)**	**Einkaufen (allgemein)**	**Compras en general**	**Compras Diversas**
I'm just looking.	*Je regarde.*	*Ich schaue mich nur um.*	*Solo estoy mirando.*	*Estou só a ver.*
That's enough, thank you.	*Ça suffit, merci.*	*Danke, das genügt.*	*Eso es todo, gracias.*	*Já chega, obrigado.*
May I have a paper/plastic bag, please?	*Puis-je avoir un sac en papier/en plastique, s'il vous plaît?*	*Darf ich bitte eine Papier-/ Plastiktüte haben?*	*¿Podría darme una bolsa de papel/plástico, por favor?*	*Dá-me um saco por favor?*
Please wrap it.	*Veuillez l'envelopper.*	*Bitte wickeln Sie es ein.*	*Por favor, envuélvalo.*	*Por favor embrulhe.*
supermarket.	supermarché.	Supermarkt.	supermercado.	supermercado.
travel agency.	agence de voyage.	Reisebüro.	agencia des viajes.	agência de viagens.
dry cleaners.	pressing.	Reinigung.	limpieza en seco.	limpeza a seco.
hairdresser/barber.	coiffeur/barbier.	Damen-, Herrenfriseur.	peluquería/barbería.	cabeleireiro/barbeiro.
town hall.	mairie.	Rothaus.	ayuntamiento.	Câmara Muncipal.
museum.	musée.	Museum.	museo.	museu.
art gallery.	musée d'art.	Kunstgalerie.	galería de arte.	galeria de arte.
theatre.	théâtre.	Theater.	teatro.	teatro.
concert.	concert.	Konzert.	concierto.	concerto.
night club.	night-club.	Nachtklub.	sala de fiestes.	boite.
park.	jardin public.	Park.	parque.	parque.
swimming pool.	piscine.	Schwimmbad.	piscina.	piscina.
sports centre.	centre de sport.	Sportplatz.	centro deportivo.	centro desportivo.
church, Catholic/Protestant.	église catholique/protestante.	Katholische/Evangelische Kirche.	iglesia católica/protestante.	Igreja Católica/Protestante.
Information Office.	bureau de renseignements.	Informationsbüro.	oficina de información.	Posto de Informações.
bag.	sac.	Tüte, Tasche.	bolsa.	saco.
souvenir.	souvenir.	Andenken.	recuerdo.	recordacão.
some postcards.	des cartes postales.	ein paar Postkarten.	algunas postales.	alguns postais.
some writing paper.	du papier à lettres.	etwas Briefpapier.	papel de carta.	papel de carta.
some envelopes.	des enveloppes.	einige Umschläge.	unos sobres.	alguns envelopes.
a pair of sunglasses.	des lunettes de soleil.	eine Sonnenbrille.	unas gafas de sol.	óculos de sol.
a map (of the area).	une carte (de la région).	eine Karte (der Gegend)	un mapa (del la zona).	mapa da zona.
a town plan.	un plan de la ville.	ein Stadtplan.	un plano de la ciudad.	uma planta da cidade.
a newspaper.	un journal.	eine Zeitung.	un periódico.	jornal.
a pen/pencil.	un stylo/un crayon.	ein Füllfederhalter/Bleistift.	una pluma/un lápiz.	caneta/lápis.
a colour/black and white film.	une pellicule couleur/noir et blanc.	ein Farb-/Schwarzweißfilm.	una película en color/en blanco y negro.	um rolo a cores/um rolo a preto e branco.
sun hat.	chapeau de soleil.	Sonnenhut.	sombrero para el sol.	chapéu de sol.
some cigarettes.	des cigarettes.	ein paar Zigaretten.	algunos cigarrillos.	cigarros.
some cigars.	des cigares.	ein paar Zigarren.	algunos cigarros.	charutos.

Les Achats/Beim Einkaufen/De compras/Compras

Italiano	Nederlands	Dansk	Svenska	Srpskohrvatski
Acquisti in generale	**Algemeen**	**Almindelige indkøb**	**Shopping**	**Opšta kupovina**
Sto guardando.	*Ik kijk even rond.*	*Jeg kigger bare.*	*Jag tittar bara.*	*Samo gledam.*
Basta così, grazie.	*Dat is genoeg, dank u.*	*Det er nok, tak.*	*Tack, det räcker.*	*Hvala, dovoljno je.*
Posso avere un sacchetto di carta/di plastica, per favore?	*Mag ik een papieren/plastic tas alstublieft?*	*Må jeg få en papirspose/ plastikpose?*	*Kan jag få en papperspåse/en plastpåse?*	*Molim kesu, od papira/ plastičnu.*
Per favore, me lo incarti.	*Wilt u het alstublieft inpakken.*	*Pak det venligst ind.*	*Var snäll och slå in det.*	*Molim vas, upakujte.*
supermercato.	supermarkt.	supermarked.	stormarknad.	samousluga.
agenzia di viaggio.	reisbureau.	rejsebureau.	resebyrå.	turistička agencija.
tintoria.	stomerij.	renseri.	kemtvätt.	hemijsko čišćenje.
parrucchiere da donna/uomo.	kapper.	frisør/barber.	hårfrisör.	frizer/brijač/berberin.
municipio.	stadhuis.	rådhus.	stadshus.	opština.
museo.	museum.	museum.	museum.	muzej.
galleria d'arte.	galerie.	kunstmuseum/galleri.	konstmuseum/konstgalleri.	umetnička galerija.
teatro.	schouwburg.	teater.	teater.	pozorište, kazalište.
concerto.	concert.	koncert.	konsert.	koncert.
locale notturno.	nachtclub.	natklub.	nattklubb.	noćni klub, bar.
parco.	park.	park.	park.	park.
piscina.	zwembad.	swimming pool.	simbassäng, swimming pool.	bazen za kupanje.
centro sportivo.	sportcentrum.	sportscenter.	idrottshall, idrottsplats.	sportski centar.
chiesa, cattolica/protestante.	kerk, katholieke/protestante.	kirke, katolsk/protestantisk.	kyrka, katolsk/protestantisk.	crkva, katolička/ protestantska.
ufficio informazioni.	Informatiekantoor.	informationskontor.	informationsbyrå.	Biro za obaveštenja/ informaciju.
sacchetto.	tas.	pose.	väska/påse.	kesa, torba.
ricordo.	souvenir.	souvenir.	souvenir.	uspomena, suvenir.
delle cartoline.	een paar prentbriefkaarten.	nogle postkort.	vykort.	dopisnice.
della carte da lettera.	wat briefpapier.	noget brevpapir.	brevpapper.	papir/hartija za pisanje.
delle buste.	een paar enveloppen.	nogle konvolutter.	kuvert.	koverte.
un paio di occhiali da sole.	een zonnebril.	et par solbriller.	ett par solglasögon.	naočare za sunce.
una carta (della zona).	een kaart (van deze streek).	et kort (over området)	en karta (över trakten).	plan, karta (područja).
una pianta della città.	een stadsplattegrond.	et bykort.	en stadskarta.	plan grada.
un giornale.	een krant.	en avis.	en tidning.	novine.
una penna/una matita.	een pen/potlood.	en pen/blyant.	en penna.	pero (penkala)/olovka.
una pellicola a colori/in bianco e nero.	een kleurenfilm/zwart-wit film.	en farvefilm/sort-hvid film.	en färgfilm/svartvit film.	film u boji/crno-beli.
cappello da sole.	zonnehoed.	solhat.	solhatt.	šešir za sunce.
delle sigarette.	sigaretten.	nogle cigaretter.	cigaretter.	cigarete.
dei sigari.	sigaren.	nogle cigarer.	cigarrer.	cigare.

Acquisti/Winkelen/Indkøb/Shopping/Kupovina

SHOPPING

English	Français	Deutsch	Español	Português
some tobacco.	du tabac.	etwas Tabak.	un poco de tabaco.	tabaco.
some matches.	des allumettes.	ein paar Streichhölzer.	unas cerillas.	fósforos.
a lighter.	un briquet.	ein Feuerzeug.	un mechero.	um isqueiro.
some lighter fuel.	de l'essence pour briquet.	etwas Feuerzeugbenzin.	carga para el mechero.	gás para isqueiro.
a pair of tights.	un collant.	ein Paar Strumpfhosen.	medias panti.	meias.
a guide book.	un guide.	ein Reiseführer.	una guía.	um guia.
needles.	aiguilles.	Nadeln.	agujas.	agulhas.
cotton, button.	fil, bouton.	Nähgarn, Knopf.	algodón, botón.	tubo de linha, botão.
umbrella.	parapluie.	Schirm.	paraguas.	chapéu de chuva.
scissors.	ciseaux.	Schere.	tijeras.	tesoura.

Clothing / Vêtements. / Kleidung. / Vestidos. / Vestuário.

English	Français	Deutsch	Español	Português
trousers.	pantalon.	Hose.	pantalón.	calças.
belt.	ceinture.	Gürtel.	cinturón.	cinto.
raincoat.	imperméable.	Regenmantel.	gabardina.	impermeável.
hat.	chapeau.	Hut.	sombrero.	chapéu.
shirt.	chemise.	Hemd.	camisa.	camisa.
pyjamas.	pyjama.	Schlafanzug.	pijama.	pijama.
pants.	caleçon.	Unterhose.	calzones.	cuecas.
socks.	chaussettes.	Socken.	calcetines.	peúgas.
shoes.	chaussures.	Schuhe.	zapatos.	sapatos.
shorts.	short.	Shorts.	pantalón corto.	calções.
swimming costume.	maillot de bain.	Badeanzug.	bañador.	fato de banho.
dress.	robe.	Kleid.	vestido.	vestido.
skirt.	jupe.	Rock.	falda.	saia.
bra.	soutien-gorge.	Büstenhalter.	sujetador/sostén.	soutien.
jumper.	pull.	Pullover.	jersey.	blusa de malha.

Chemist / Pharmacie / Apotheke/Drogerie / Farmacia / Na Farmácia

Please make up this prescription. / *Veuillez préparer cette ordonnance.* / *Bitte bereiten Sie dieses Rezept zu.* / *Por favor, despácheme esta receta.* / *Por favor, avie-me esta receita*

English	Français	Deutsch	Español	Português
some aspirin.	de l'aspirine.	Aspirin.	unas aspirinas.	aspirina.
some antiseptic.	un antiseptique.	Antiseptikum.	desinfectante.	anti-séptico/desinfectante.
some cotton wool.	du coton.	Watte.	algodón.	algodão hidrófilo.
some disposable nappies.	des couches en cellulose.	Wegwerfwindeln.	unos pañales de sechables.	lenços de papel.
some paper tissues.	des Kleenex.	Papiertaschentücher.	unos pañuelos de papel.	papel absorvente.
some sanitary towels.	des serviettes périodiques.	Monatsbinden.	unas compresas.	pensos higiénicos.
some tampons.	des tampons périodiques.	Tampons.	unos tampones.	tampões higiénicos.
some suntan oil.	une huile solaire.	Sonnenöl.	aceite bronceador.	bronzeador solar.

Les Achats/Beim Einkaufen/De compras/Compras

Italiano	Nederlands	Dansk	Svenska	Srpskohrvatski
del tabacco.	tabak.	noget tobak.	tobak.	duvan.
dei fiammiferi.	lucifers.	nogle tændstikker.	tändstickor.	šibice, žigice.
un accendisigari.	een aansteker.	en lighter.	tändare.	upaljač.
della benzina per accendisigari.	aanstekerbrandstof.	tændvæske (til lighter).	tändarvätska.	gorivo za upaljač.
un paio di collant.	een panty.	en par strømpebukser/trikot.	ett par strumpbyxor.	hulahope (čarape do struka).
una guida.	een gids.	en rejsehåndbog.	resehandbok.	vodič.
aghi.	naalden.	nåle.	nålar.	igle.
cotone, bottone.	naaigaren, knoop.	tråd, knap.	tråd, knapp.	konac, dugme.
ombrello.	paraplu.	paraply.	paraply.	kišobran.
forbici.	schaar.	saks.	sax.	makaze, škare.

Abbigliamento	**Kleding**	**Tøj**	**Kläder**	**Odeća**
pantaloni.	pantalon.	bukser.	byxor.	pantalone/hlače.
cintura.	riem.	bælte.	bälte.	pojas, kaiš.
impermeabile.	regenjas.	regnfrakke.	regnrock.	kišni manti/kaput.
cappello.	hoed.	hat.	hatt.	šešir.
camicia.	overhemd.	skjorte.	skjorta.	košulja.
pigiama.	pyama.	pyjamas.	pyjamas.	pidžama.
mutande.	onderbroek.	underbukser.	underbyxor.	gaće/gaćice.
calze/calzini.	sokken.	sokker.	strumpor.	čarape.
scarpe.	schoenen.	sko.	skor.	cipele.
pantaloncini corti.	korte broek.	shorts.	shorts.	kratke hlače (pantalone), šorts.
costume da bagno.	badpak.	badedragt.	baddräkt.	kupaći kostim.
vestito.	jurk.	kjole.	klänning.	haljina.
gonna.	rok.	nederdel.	kjol.	suknja.
reggiseno.	b.h.	BH.	behå.	grudnjak.
pullover.	trui.	jumper/sweater.	jumper.	pulover, džemper.

Farmacia	**Apotheker**	**Apotek**	**Apotek**	**Apoteka**
Per favore mi prepari questa ricetta.	*Wilt u dit recept klaarmaken...*	*Vær så venlig at give mig, hvad der står på denne recept.*	*Kan jag få det som står på detta recept.*	*Molim vas lek po ovom receptu.*
dell'aspirina.	aspirine.	aspirin.	aspirin.	aspirin.
un antisettico.	een antiseptisch middel.	antiseptisk.	antiseptika.	sredstvo za dezinfekciju.
del cotone idrofilo.	watten.	vat.	bomullsvadd.	vata.
dei pannolini da gettare.	wegwerpluiers.	engangsbleer.	blöjor.	papirnate pelene.
dei fazzoletti di carta.	tissues.	renseservietter.	pappersnäsdukar.	papirnate maramice.
degli assorbenti igienici.	maandverband.	hygiejnebind.	dambindor.	higijenski ulošci.
dei tamponi interni.	tampons.	tamponer.	tamponger.	tamponi.
dell'olio solare.	zonnebrandolie.	sololie.	sololja.	ulje za sunčanje.

Acquisti/Winkelen/Indkøb/Shopping/Kupovina

SHOPPING

English	Français	Deutsch	Español	Português
some toilet paper.	du papier hygiénique.	Toilettenpapier.	papel higiénico.	papel higiénico.
some razor blades.	des lames de rasoir.	Rasierklingen.	unas cuchillas de afeitar.	lâminas de barbear.
some plasters.	des pansements adhésifs.	Pflaster.	unos esparadrapos.	adesivos/pensos rápidos.
some soap.	du savon.	Seife.	jabón.	sabonete.
some toothpaste.	du dentifrice.	Zahnpaste.	pasta de dientes.	pasta dentífrica.
some safety pins.	des épingles doubles.	Sicherheitsnadeln.	imperdibles.	alfinetes de segurança.
some shaving cream.	de la crème à raser.	Rasiercreme.	crema de afeitar.	creme de barbear.
a cough.	une toux.	Husten.	tos.	tosse.
travel sickness.	mal de mer.	Reisekrankheit.	mareo.	enjôo.
bite/sting.	piqûre.	Biß/Stich.	dolor/picadura.	uma mordedura/uma picada.
a cold.	un rhume.	eine Erkältung.	catarro.	uma constipação.
constipation.	constipation.	Verstopfung.	estreñimiento.	prisão de ventre.
diarrhoea.	diarrhée.	Durchfall.	diarrea.	diarréia.
indigestion.	indigestion.	Verdauungsstörungen.	indigestión.	indigestão.
sunburn.	coup de soleil.	Sonnenbrand.	insolación.	queimadura solar.
comb.	peigne.	Kamm.	peine.	pente.
razor (electric).	rasoir (électrique).	Rasierapparat (elektrisch).	maquinilla (eléctrica).	máquina de barbear.

FOOD SHOPPING	**ALLER AUX PROVISIONS**	**NAHRUNGSMITTEL**	**COMPRANDA COMIDA**	**COMIDA COMPRAS**
Bakery/Cake shop	**Boulangerie/Patisserie**	**Bäckerei/Konditorei.**	**Panadería/Pastelería.**	**Padaria/Pastelaria.**
some bread.	du pain.	Brot.	pan.	pão.
some rolls.	des petits pains.	ein paar Brötchen.	panecillo.	pão de leite.
cake.	gâteau.	Kuchen.	pastel.	bolo.
tart.	tarte.	Torte.	tarta.	torte.
biscuits.	biscuits.	Keksen.	galletas.	biscoitos.
pastries.	les pâtisseries.	feines Gebäck.	pastas.	bolinhos de pastelaria.

Butcher/Delicatessen	**Boucherie/Charcuterie**	**Metzgerei/Feinkostladen**	**Carnicería/Charcutería**	**Talho/Salsicharia**
one/two slice(s) of...	*une/deux tranche(s) de...*	*eine/zwei Scheibe(n)...*	*unas/dos rebanadas de...*	*uma/duas fatias de...*
fresh, raw, cooked, smoked.	*frais, cru, cuit, fumé.*	*frisch, roh, gekocht, geräuchert.*	*fresco, crudo, cocinado, ahumado.*	*fresco, cru, cozinhado, fumado.*
sausage.	saucisse.	Wurst.	salchicha.	salsichas.
ham (cooked, cured).	jambon (cuit, cru).	Schinken (gekocht geräuchert).	jamón (york, serrano).	presunto (curado, fumado).
paté.	pâté.	Pastete.	paté/foie-gras.	pasta de fígado.
liver.	foie.	Leber.	hígado.	fígado.
kidneys.	rognons.	Nieren.	riñones.	rins.

Les Achats/Beim Einkaufen/De compras/Compras

Italiano	Nederlands	Dansk	Svenska	Srpskohrvatski
della carta igienica.	toiletpapier.	toiletpapir.	toalettpapper.	toalet papir.
delle lamette da rasoio.	scheermesjes.	barberblade.	rakblad.	nožići za brijanje/žileti.
dei cerotti.	pleisters.	plaster.	plåster.	flaster.
del sapone (una saponetta).	zeep.	sæbe.	tvål.	sapun.
un dentifricio.	tandpasta.	tandpasta.	tandkräm.	pasta za zube.
delle spille da baglia.	veiligheidsspelden.	sikkerhedsnåle.	säkerhetsnålar.	sigurnosna igla (pribadača).
una crema da barba.	scheercrème.	barbercreme.	rakkräm.	krem za brijanje.
la tosse.	hoest.	hoste.	hosta.	kašalj.
mal d'auto.	reisziekte.	rejsesyge.	åksjuka.	putna (morska) bolest.
morso/puntura.	een beet/een steek.	et bid/et stik.	et bett/ett stick.	ujed/ubod.
il raffreddore.	een kou.	forkølelse.	förkylning.	nazeb/prehlada.
stitichezza.	constipatie.	forstoppelse.	förstoppning.	zatvor/začepljenje.
diarrea.	diarree.	diarré.	diarré.	proliv.
disturbi digestivi.	indigestie.	dårlig fordøjelse.	matsmältningsbesvär.	slabo varenje/loša probava.
scottatura solare.	zonnebrand.	solskoldning.	solsveda.	opekotine od sunca.
pettine.	kam.	kam.	kam.	češalj.
rasoio (elettrico).	scheerapparaat (elektrisch).	barbermaskine (elektrisk).	rakhyvel/rakapparat (elektrisk).	brijač (električni).

ACQUISTI ALIMENTARI Panetteria/Pasticceria	ETENSWAREN Bakker/Banketbakker	INDKØB AF MADVARER Bageri/Konditori	LIVSMEDEL Bageri/Konditori	KUPOVINA HRANE Pekara/Poslastičarnica
del pane.	brood.	brød.	bröd.	hleb/kruh.
dei panini.	broodjes.	rundstykker.	franskbröd.	pecivo.
dolce.	cake.	kage.	kaka, tårta.	kolač/torta.
torta.	(vruchten) taart.	tærte.	bakelse.	pita od voća.
biscotti.	biscuitjes/koekjes.	biscuit/kiks.	kex.	keksi.
paste.	gebak.	kager.	bakelser.	sitni kolači/kolačići.

Macelleria/Salumeria	Slager/Comestibles	Slagter/Charcuteri	Kött/Charkuteri	Mesnica/Kasapnica/ Delikatesna radnja
una fetta/due fetti di...	een/twee plakken...	en/to skiver af...	en/två skivor av...	jedan režanj/dva režnja...
fresco/a, crudo/a, cotto/a, affumicato/a.	verse, rauwe, gekookte, gerookte.	fersk, rå, kogt, røget.	färskt, rått, kokt, rökt.	sveže, sirove, kuvane, dimljene.
salsciccia	worst.	pølse.	korv.	kobasice.
prosciutto (cotto, affumicato).	ham (gekookt, gerookt).	skinke (kogt, konserveret).	skinka (kokt, rökt).	šunka (kuvana, dimljena).
paté.	paté.	postej.	paté.	pašteta.
fegato.	lever.	lever.	lever.	džigerica, jetra.
rognone.	nieren.	nyrer.	njure.	bubrezi.

SHOPPING

English	Français	Deutsch	Español	Português
minced meat.	viande hachée.	Hackfleisch.	carne picada.	carne picada.
cheese.	fromage.	Käse.	queso.	queijo.

Fruit and vegetables	**Fruits et Légumes**	**Obst und Gemüse**	**Frutas y legumbres**	**Frutas/Vegetais**
apples.	pommes.	Äpfel.	manzanas.	maçãs.
bananas.	bananes.	Bananen.	plátanos.	bananas.
grapes.	raisins.	Weintrauben.	uvas.	uvas.
oranges.	oranges.	Orangen.	naranjas.	laranjas.
strawberries.	fraises.	Erdbeeren.	fresas.	morangos.
pineapple.	ananas.	Ananas.	piña.	ananás.
melon.	melon.	Melone.	melón.	melão.
grapefruit.	pamplemousse.	Grapefruit.	pomelo.	toranjas.
peaches.	pêches.	Pfirsiche.	melocotón.	pêssegos.
pears, plums.	poires, prunes.	Birnen, Pflaumen.	peras, ciruelas.	peras, ameixas.
aubergines.	aubergines.	Auberginen.	berenjenas.	berinjelas.
green beans.	haricots verts.	grüne Bohnen.	judías verdes.	feijão verde.
carrots.	carottes.	Mohrrüben/Karotten.	zanahorias.	cenouras.
mushrooms.	champignons.	Pilze.	setas/champiñones.	cogumelos.
onions.	oignons.	Zwiebeln.	cebollas.	cebolas.
peas.	petits pois.	Erbsen.	guisantes.	ervilhas.
peppers green/red.	poivres verts/rouges.	grüne/rote Pfeffer.	pimientos verdes/rojos.	pimentos verdes/vermelhos.
cabbage.	chou.	Kohl.	col.	couve.
potatoes.	pommes de terre.	Kartoffeln.	patatas.	batatas.
courgettes.	courgettes.	Zucchini.	calabacines.	abóbora.
tomatoes.	tomates.	Tomaten.	tomates.	tomates.
artichokes.	artichauts.	Artischocken.	alcachofas.	alcachofras.
garlic, parsley.	ail, persil.	Knoblauch, Petersilie.	ajo, perejil.	alho, salsa.
celery.	céleri.	Sellerie.	apio.	aipo.
lettuce.	laitue.	Kopfsalat.	lechuga.	alface.
cucumber.	concombre.	Gurke.	pepino.	pepino.
olives black/green.	olives noires/vertes.	schwarze/grüne Oliven.	aceitunas negras/verdes.	azeitonas pretas/verdes.

Fishshop	**Poissonnerie**	**Fischhändler**	**Pescadería**	**Peixaria**
anchovies.	anchois.	Sardellen.	anchoas.	anchovas.
cod.	morue.	Kabeljau.	bacalao.	bacalhau.
mussels.	moules.	Miesmuscheln.	mejillones.	mexilhão.
oysters.	huîtres.	Austern.	ostras.	ostras.
prawns.	crevettes roses.	Garnelen.	gambas.	camarão.
mullet.	mulet.	Meeräsche.	salmonete.	mugem/sargo.
sardines.	sardines.	Sardinen.	sardinas.	sardinhas.

Les Achats/Beim Einkaufen/De compras/Compras

Italiano	Nederlands	Dansk	Svenska	Srpskohrvatski
carne trita.	gehakt.	hakket kød, fars.	köttfärs.	mleveno meso.
formaggio.	kaas.	ost.	ost.	sir.

Frutta e verdura	Groenten en fruit	Frugt og grøntsager	Frukt och grönsaker	Voće i povrće
mele.	appels.	æbler.	äpplen.	jabuke.
banane.	bananen.	bananer.	bananer.	banane.
uva.	druiven.	vindruer.	vindruvor.	groždje.
arance.	sinaasappelen.	appelsiner.	apelsiner.	pomorandže, narandže.
fragole.	aardbeien.	jordbær.	smultron, jordgubbar.	jagode.
ananas.	ananas.	ananas.	ananas.	ananas.
melone.	meloen.	melon.	melon.	dinja.
pompelmo.	grapefruit.	grapefrugt.	grapefrukt.	grepfrut.
pesche.	perziken.	ferskner.	persikor.	breskve.
pere, prugne.	peren, pruimen.	pærer, blommer.	päron, plommon.	kruške, šljive.
melanzane.	aubergines.	auberginer.	auberginer.	plavi patlidžan.
fagiolini.	sperziebonen.	grønne bønner.	gröna bönor.	boranija/mahune.
carote.	worteltjes.	gulerødder.	morötter.	šargarepa, mrkva.
funghi.	champignons.	champignons.	svamp.	pečurke, gljive.
cipolle.	uien.	løg.	lök.	luk.
piselli.	doperwten.	ærter.	ärtor.	grašak.
peperoni verdi/rossi.	paprika's groene/rode.	peber, grøn/rød.	paprikor.	paprika zelena/crvena.
cavolo.	kool.	kål.	kål.	kupus.
patate.	aardappelen.	kartofler.	potatis.	krompir.
zucchine.	courgettes.	courgetter, squash.	zucchini.	tikvice.
pomodoro.	tomaten.	tomater.	tomater.	paradajz, rajčica.
carciofi.	artisjokken.	artiskokker.	kronärtskockor.	artičoke.
aglio, prezzemolo.	knoflook, peterselie.	hvidløg, persille.	vitlök, persilja.	beli luk, peršun.
sedano.	selderij.	bladselleri.	selleri.	celer.
lattuga.	sla.	salat.	grönsallad.	zelena salata.
cetriolo.	komkommer.	agurk.	gurka.	krastavac.
olive, nere/verdi.	olijven zwarte/groene.	oliven, sort/grøn.	svarta/gröna oliver.	masline crne/zelene.

Pescheria	Viswinkel	Fiskehandler	Fiskaffär	Ribarnica
acciughe.	ansjovis.	ansjoser.	ansjovis.	ringlice/fileti/slane svdele.
merluzzo.	kabeljauw.	torsk.	torsk.	oslić.
cozze.	mosselen.	muslinger.	musslor.	mušule/dagnje.
ostriche.	oesters.	østers.	ostron.	ostrige, kamenice.
gamberetti.	garnalen.	rejer.	räkor.	kozice, gambori.
muggine/triglie.	poon.	mulle/multe.	multe.	barbun, trlja.
sardine.	sardientjes.	sardiner.	sardiner.	sardele.

English	Français	Deutsch	Español	Português
plaice.	carrelet.	Scholle.	platija.	solha.
salmon.	saumon.	Lachs.	salmón.	salmão.
crab.	crabe.	Krebs.	cangrejo.	caranguejo.
lobster.	homard.	Hummer.	langosta/bogavante.	lagosta.
squid.	calmar.	Tintenfisch.	calamar.	lula.
octopus.	poulpe.	Polyp.	pulpo.	polvo.
herring.	hareng.	Hering.	arenque.	arenque.
whitebait.	blanchailles.	Sprotte.	morralla (pescaditos).	arenque pequeno.
TRAVEL	**EN VOYAGE**	**AUF REISEN**	**DE VIAJE**	**EM VIAGEM**
Road	**Sur la route**	**Auf der Straße**	**Carretera**	**Estrada**
Turn left/right.	*Tournez à gauche/à droite.*	*rechts/links abbiegen.*	*Girar a la izquierda/derecha.*	*vire à esquerda/direita.*
straight on.	*tout droit.*	*geradeaus.*	*todo recto.*	*siga em frente.*
first left/right.	*la première rue à gauche/à droite.*	*die erste links/rechts.*	*La primera a la izquierda/derecha.*	*primeiro à esquerda/direita.*
Fill it up, please.	*Faites le plein, s'il vous plaît.*	*Bitte füllen Sie den Tank auf.*	*Llénelo, por favor.*	*encha-o por favor.*
(10) litres of (2**). *...4*****	*(10) litres de normale.* *...de super.*	*(10) Liter Normal.* *...Super.*	*(10) litros de normal.* *...de super.*	*(10) litros de normal.* *...Super.*
unleaded.	*sans plomb.*	*Bleifrei.*	*sin plomo.*	*sem chumbo.*
diesel.	*diesel.*	*Diesel.*	*gas-oil.*	*gasóleo.*
L.P.G.	*Gaz de pétrole liquéfié (GPL)*	*Autogas.*	*gases líquidos del petróleo.*	*gáz liquido.*
Please check/clean	*Veuillez vérifier/nettoyer*	*Bitte kontrollieren/waschen Sie*	*Por favor, revisa/limpie*	*Por favor verifique/limpe*
...the car.	*...la voiture.*	*...den Wagen.*	*...el coche.*	*...o carro.*
...the windscreen.	*...le pare-brise.*	*...die Windschutzscheibe.*	*...el parabrisas.*	*...o limpa pára-brisas.*
...the oil.	*...l'huile.*	*...den Ölstand.*	*...el aceite.*	*...o óleo.*
...the battery.	*...la batterie.*	*...die Batterie.*	*...la batería.*	*...a bateria.*
...the water.	*...le niveau d'eau.*	*...den Wasserstand.*	*...el agua.*	*...a água.*
...the tyres.	*...les pneus.*	*...den Reifendruck.*	*...los neumáticos.*	*...os pneus.*
Where can I get a taxi?	*Où puis-je trouver un taxi?*	*Wo finde ich ein Taxi?*	*¿Dónde puedo conseguir un taxi?*	*Onde posso arranjar um táxi?*
How far is...?	*A quelle distance se trouve...?*	*Wie weit ist es...?*	*¿A qué distancia está...?*	*A quantos km fica...?*
How long will it take?	*Combien de temps cela prendra-t-il?*	*Wie lange braucht man?*	*¿Cuánto tardaré en llegar?*	*Quanto tempo demorará?*
Please point to it on the map.	*Veuillez l'indiquer sur la carte.*	*Bitte zeigen Sie es mir auf der Karte.*	*Por favor, señalemelo en el mapa.*	*Por favor aponte-me no mapa.*
Can I park here?	*Puis-je stationner ici?*	*Darf ich hier parken?*	*¿Puedo aparcar aquí?*	*Posso estacionar aqui?*
petrol station/garage.	station service/garage.	Tankstelle/Werkstatt.	estación de servicio/garaje.	bomba de gasolina/garagem.
camp site.	terrain de camping.	Campingplatz.	un terreno de camping.	parque de campismo.

Italiano	Nederlands	Dansk	Svenska	Srpskohrvatski
passera di mare.	schol.	rødspætte.	rödspätta.	list, pljosnatica.
salmone.	zalm.	laks.	lax.	losos.
granchio.	krab.	krabbe.	krabba.	rak/rakovica.
aragosta.	kreeft.	hummer.	hummer.	jastog.
calamaro.	inktvis.	blæksprutte.	bläckfisk.	lignje.
piovra.	octopus.	blæksprutte.	bläckfisk.	hobotnica.
aringa.	haring.	sild.	sill, strömming.	haringa, bakalar.
bianchetti (gianchetti).	witvis.	småsild.	småsill	sitna bela riba.

IN VIAGGIO	**OP REIS**	**REJSE**	**RESOR**	**PUTOVANJE**
Sulla strada	**Wegen**	**Vej**	**Vägtrafik**	**Drumom/Cestom**
Giri a sinistra/a destra.	*rechts/links afslaan.*	*Drej til højre/venstre.*	*Tag av till vänster/till höger.*	*Skrenite levo/desno.*
Sempre dritto.	*rechtdoor.*	*ligeud.*	*rakt fram.*	*pravo/ravno.*
La prima a sinistra/a destra.	*de eerste links/rechts.*	*første til venstre/højre.*	*första till vänster/till höger.*	*prva levo/desno.*
Mi faccia il pieno, per favore.	*Helemaal vol graag.*	*Vær så venlig at fylde den op.*	*full tank, tack.*	*Napunite rezervoar, molim vas.*
(10) litri di benzina normale.	*10 liter normaal.*	*(10) liter normal benzin.*	*(10) liter normal bensin.*	*(10) litara premijum benzin.*
...di benzina super.	*...super.*	*...super benzin.*	*...super.*	*...super benzin.*
senza piombo.	*loodvrij.*	*blyfri.*	*blyfri.*	*bezolovni.*
gasolio.	*dieselolie.*	*dieselolie.*	*diesel.*	*dizel gorivo.*
G.P.L. (gas liquido).	*LPG.*	*LPG (gas).*	*motorgas.*	*tečni gas.*
Per favore, controlli/pulisca	*Wilt u...nakijken/ schoonmaken*	*Check/rens venligst*	*Var snäll kolla/tvätta*	*Molim vas proverite/operite*
...l'auto.	*...de auto.*	*...bilen.*	*...bilen.*	*...kola.*
...il parabrezza.	*...de voorruit.*	*...forruden.*	*...vindrutan.*	*...vetrobransko staklo.*
...il livello dell'olio.	*...de olie.*	*...olien.*	*...oljan.*	*...ulje.*
...la batteria.	*...de accu.*	*...batteriet.*	*...batteriet.*	*...akumulator.*
...il livello dell' acqua.	*...het water.*	*...vandet.*	*...kylarvattnet.*	*...vodu.*
...le gomme.	*...de banden.*	*...dækkene.*	*...ringtrycket.*	*...gume.*
Dove trovo un taxi?	*Waar kan ik een taxi krijgen?*	*Hvor kan jeg få en taxa?*	*Var kan jag få en taxi.*	*Gde mogu da nadjem taksi?*
A che distanza si trova...?	*Hoe ver is het naar...?*	*Hvor langt er der til...?*	*Hur långt är det till...?*	*Koliko je daleko do...?*
Quanto tempo ci vuole?	*Hoe lang duurt het om daar te komen?*	*Hvor længe vil det tage?*	*Hur lång tid tar det?*	*Koliko vremena treba?*
Per favore, me lo indichi sulla carta.	*Wilt u het alstublieft op de kaart aanwijzen.*	*Vis det venligst på kortet.*	*Var snäll visa på kartan.*	*Molim vas pokažite mi na karti.*
Posso fermarmi qui?	*Kan ik hier parkeren?*	*Kan jeg parkere her?*	*Kan jag parkera här?*	*Mogu li da parkiram ovde?*
un distributore di benzina.	benzinestation/garage.	benzinstation/værksted.	bensinstation/verkstad.	benzinska pumpa/garaža.
campeggio.	camping.	campingplads.	campingplats, tältplats.	kamp.

English	Français	Deutsch	Español	Português
police station.	poste de police.	Polizeistation.	Comisaría/Puesto de Policía.	esquadra.
Where can I park?	*Où puis-je stationner?*	*Wo darf ich parken?*	*¿Dónde puedo aparcar?*	*Onde posso estacionar?*
Is the road...?	*La route est-elle...?*	*Ist die Straße...?*	*¿Es la carretera...?*	*A estrada é...?*
wide/narrow.	*large/étroite.*	*breit/schmal.*	*ancha/estrecha.*	*larga/estreita.*
flat/hilly.	*plate/à fortes pentes.*	*eben/hügelig.*	*llana/con cuesta.*	*plana/acidentada.*
icy/snow-bound.	*verglacée/enneigée.*	*vereist/verschneit.*	*helada/bloqueada por la nieve.*	*com gelo/bermas com neve.*
suitable for a caravan.	*appropriée à une caravane.*	*für Wohnwagen geeignet.*	*adecuada para una caravana.*	*boa para uma caravana.*
Rail/Bus	**Par train/autobus**	**Im Zug/Bus**	**Tren/Autobús**	**Comboio/Autocarro**
When is the next train to...?	*A quelle heure part le prochain train pour...?*	*Wann geht der nächste Zug nach...?*	*¿A qué hora es el próximo tren para...?*	*Quando é o próximo comboio para...?*
Do I have to change?	*Faut-il changer?*	*Muß ich umsteigen?*	*¿Debo cambiar?*	*Tenho de mudar?*
Which platform for...?	*Quel est le quai pour...?*	*Auf welchem Bahnsteig fährt der Zug nach...?*	*¿Qué andén para...?*	*Qual é a plataforma?*
railway station.	gare.	Bahnhof.	estación de ferrocarril.	estação de caminho de ferro.
left luggage office.	consigne des bagages.	Gepäckaufbewahrung.	consigna.	depósito de bagagem.
ticket office.	guichet.	Fahrkartenschalter.	oficina de expedición de billetes.	bilheteira.
single ticket.	aller.	einfache Fahrt.	billete sencillo.	bilhete de ida.
return ticket.	aller-retour.	Rückfahrkarte.	billete de ida y vuelta.	bilhete de ida e volta.
seat.	place.	Sitzplatz.	asiento.	lugar.
couchette.	couchette.	Liegeplatz.	litera.	couchette.
Is this seat free?	*Cette place est-elle libre?*	*Ist dieser Platz frei?*	*¿Está libre este asiento?*	*Este lugar está livre?*
Is there a dining car/sleeping car?	*Y a-t-il un wagon-restaurant/ un wagon-lit?*	*Gibt es einen Speise-/ Schlafwagen?*	*¿Hay vagón restaurante/ coche cama?*	*Há uma carruagem restaurante/cama?*
timetable.	horaire.	Fahrplan.	horario.	horário.
entry/exit.	entrée/sortie.	Ein-/Ausgang.	entrada/salida.	entrada/saída.
underground.	métro.	U-Bahn.	metro.	metropolitano (metro).
bus station.	gare routière.	Busbahnhof.	estación de autobús.	paragem de autocarros (terminal).
bus stop.	arrêt d'autobus	Bushaltestelle.	parada de autobús	paragem de autocarro.
Please put me off at the right stop?	*Pouvez-vous me dire où je dois descendre?*	*Geben Sie mir bitte an der richtigen Haltestelle Bescheid?*	*¿Puede indicarme donde tengo que bajarme?*	*Por favor indique-me onde devo sair.*

Italiano	Nederlands	Dansk	Svenska	Srpskohrvatski
commissariato di polizia.	politebureau.	politistation.	polisstation.	stanica milicije.

Italiano	Nederlands	Dansk	Svenska	Srpskohrvatski
Dove posso posteggiare?	*Waar kan ik parkeren?*	*Hvor kan jeg parkere?*	*Var kan jag parkera?*	*Gde mogu da parkiram?*
La strada è...?	*Is de weg...?*	*Er vejen...?*	*Är vägen...?*	*Da li je put...?*
larga/stretta.	*breed/smal.*	*bred/smal.*	*bred/smal.*	*širok/uzan (uzak).*
piana/montagnosa.	*vlak/heuvelachtig.*	*flad/bakket.*	*jämn/backig.*	*ravan/brdovit.*
ghiacciata/coperta di neve.	*beijzeld/besneeuwd.*	*iset/sneet til.*	*hal/snötäckt.*	*sa ledom/sa mogućim snegom.*
adatta a una roulotte.	*geschikt voor caravans.*	*egnet for campingvogn.*	*lämplig för husvagn.*	*pogodan za prikolicu.*

Treno/Autobus · Trein/Bus · Jernbane/Bus · Järnväg/Buss · Železnica/Autobus

Quando parte il prossimo treno per...?	*Wanneer gaat de volgende trein naar...?*	*Hvornår går det næste tog til...?*	*När går nästa tåg till...?*	*Kada ide sledeći voz za...?*
Devo cambiare?	*Moet ik overstappen?*	*Skal jeg skifte?*	*Måste jag byta tåg?*	*Da li treba da menjam voz?*
Qual è il binario per...?	*Welk perron voor...?*	*Hvilken perron til...?*	*Vilket spår...?*	*Sa kog perona polazi voz za...?*
stazione ferroviaria.	station.	jernbanestation.	järnvägsstation.	železnička stanica, kolodvor.
deposito bagagli.	bagagedepot.	hittegodskontor.	effektförvaring	garderoba.
biglietteria.	plaatskartenbureau.	billetkontor.	biljettlucka.	biletarnica.
biglietto di andata.	enkele reis.	enkeltbillet.	enkelbiljett.	karta u jednom pravcu.
biglietto di andata e ritorno.	retour.	returbillet.	tur och returbiljett.	povratna karta.
posto a sedere.	zitplaats.	siddeplads.	plats.	sedište.
cuccetta.	couchette.	liggeplads.	liggvagn.	kušet, kola sa ležajevima.
È libero questo posto?	*Is deze plaats vrij?*	*Er denne plads ledig?*	*Är den här platsen ledig?*	*Da li je ovo mesto slobodno?*
C'è una carrozza ristorante/letto?	*Is er een restauratiewagen/slaapwagen?*	*Er der spisevogn/sovevogn?*	*Finns det restaurangvagn/sovvagn?*	*Ima li kola za ručavanje/kola za spavanje?*
orario ferroviario.	spoorboekje.	køreplan.	tidtabell.	red vožnje.
entrata/uscita.	ingang/uitgang.	indgang/udgang.	ingång/utgång.	ulaz/izlaz.
metropolitana.	ondergrondse.	undergrundsbane/S-tog.	tunnelbana.	podzemna železnica.
stazione degli autobus.	busstation.	busstation.	busstation, busscentral.	autobuska stanica.
fermata d'autobus.	bushalte.	busstoppested.	busshållplats.	stajalište autobusa.
Per favore, mi fa scendere alla fermata giusta?	*Wilt u mij bij de juiste halte afzetten?*	*Sæt mig venligst af ved det rigtige stoppested.*	*Säg till när jag skall stiga av (vid rätt hållplats).*	*Molim vas recite mi gde treba tačno da izidjem?*

EMERGENCIES

English	Français	Deutsch	Español	Português
Sea	**Par mer**	**Auf dem Schiff**	**Mar**	**De barco**
Does the ferry sail from here?	*Le ferry part-il d'ici?*	*Geht die Fähre von hier ab?*	*¿Parte de aquí el ferry?*	*O ferry parte daqui?*
We have a car and...passengers.	*Nous avons une voiture et...passagers.*	*Wir haben ein Auto und...Passagiere.*	*Tenemos un coche y...pasajeros.*	*Nós temos carro e...passageiros.*
What is the arrival/departure time?	*A quelle heure arrive-t-il/part-il?*	*Was ist die Ankunftszeit/Abfahrtszeit?*	*¿Cuál es la hora de llegada/hora de salida?*	*Qual é a hora de chegada/partida.*
harbour/docks.	port/gare maritime.	Hafen/Anlegestelle.	puerto/muelles.	porto/docas.
duty-free shop.	magasin hors taxe.	zollfreier Verkauf.	tienda para comprar libre de impuestos.	duty free shop.
Air	**Par avion**	**Im Flugzeug**	**En avión**	**Por avião**
Arrivals/Departures.	Arrivées/Départs.	Ankunft/Abflug.	Llegadas/Salidas.	Chegadas/Partidas.
Check-in.	Enregistrement.	Abfertigung.	Mostrador de facturación.	check-in.
first class/tourist class.	première classe/classe touriste.	Erste Klasse/Touristenklasse.	primera clase/clase turista.	primeira classe/classe turística.
At the frontier	**A la frontière**	**An der Grenze**	**En la frontera**	**Na fronteira**
Nothing to declare.	*rien à déclarer.*	*nichts zu verzollen.*	*nada que declarar.*	*Nada a declarar.*
Something to declare.	*quelque chose à déclarer.*	*etwas zu verzollen.*	*algo que declarar.*	*Tenho algo a declarar.*
passport.	passeport.	Paß.	pasaporte.	pasaporte.
customs office.	bureau de douane.	Zollbehörde.	oficina de Aduana.	Alfândega.
customs document.	document douanier.	Zollerklärung.	documentos aduaneros.	documentos de alfândega.
visa.	visa.	Visa.	visado.	visto.
fragile.	fragile.	zerbrechlich.	frágil.	frágil.
only personal effects.	seulement des effets personnels.	Nur Dinge für den persönlichen Gebrauch.	sólo efectos personales.	objectos de uso pessoal.
duty on...	droits de douane sur...	Zoll auf...	impuesto en...	com direitos...
cigarettes/cigars.	cigarettes/cigares.	Zigaretten/Zigarren.	cigarrillos/cigarros.	cigarros/charutos.
tobacco.	tabac.	Tabak.	tabaco.	tabaco.
perfume.	parfum.	Parfüm.	perfume.	perfume.
wine/spirits.	vins/spiritueux.	Weine/Spirituosen.	vino/bebidas alcohólicas.	vinho/bebidas espirituosas.
EMERGENCIES	**URGENCES**	**NOTFÄLLE**	**EMERGENCIAS**	**EMERGÊNCIAS**
I have had an accident.	*Je viens d'avoir un accident.*	*Ich hatte einen Unfall.*	*He tenido un accidente.*	*Eu tive um acidente.*
There has been an accident.	*Il y a eu un accident.*	*Es gab einen Unfall.*	*Ha habido un accidente.*	*Houve um acidente.*
Are you hurt?	*Etes-vous blessé?*	*Sind Sie verletzt?*	*¿Está herido?*	*Está ferido?*
Can I help?	*Puis-je vous aider?*	*Kann ich Ihnen helfen?*	*¿Puedo ayudarle?*	*Posso ajudar?*

Italiano	Nederlands	Dansk	Svenska	Srpskohrvatski
Via mare	**Zee**	**På skibet**	**På båten**	**Prevoz morem**
Il traghetto parte da qui?	*Vertrekt de veerboot hier vandaan?*	*Sejler færgen herfra?*	*Går färjan härifrån?*	*Da li trajekt polazi odavde?*
Abbiamo un'automobile e...passeggeri.	We hebben een auto met...inzittenden.	Vi har en bil og...passagerer.	Vi har en bil och...passagerare.	Imamo automobil i...putnika.
A che ora si arriva/si parte?	Wat is de tijd van aankomst/vertrek?	Hvad er ankomst/afgangstiden?	När är ankomsttiden/avgångstiden?	Koje je vreme dolaska/odlaska?
porto/moli.	haven/dokken.	havn/dokker.	hamn.	luka/molo.
negozio duty-free.	belastingvrije winkel.	afgiftsfri butik.	tax-free shop.	bescarinska prodavnica.
In aereo	**Vliegtuig**	**Fly**	**Flyg**	**Putovanje avionom**
Arrivi/Partenze.	Aankomsthal/Vertrekhal.	Ankomst/Afgang.	Ankomst/Avgång.	Dolasci/Odlasci.
check-in/registrazione.	Incheckbalie.	Check-in.	Incheckning.	prijava na odlet.
prima classe/classe turistica.	eerste klas/toeristenklas.	första klasse/turistklasse.	första klass/turistklass	prva klasa/turistička klasa.
Alla frontiera	**Aan de grens**	**Ved grænsen**	**Vid gränsen**	**Na granici**
nulla da dichiarare.	*Niets aan te geven.*	*Intet at fortolde.*	*Ingenting att förtulla.*	*Nemam ništa da prijavim.*
Qualcosa da dichiarare.	*Iets aan te geven.*	*Noget at fortolde.*	*Någonting att förtulla.*	*Imam nešto da prijavim.*
passaporto.	paspoort.	pas.	pass.	pasoš, putna isprava.
dogana.	douanekantoor.	toldkontor.	tullkontor.	carinarnica.
documento doganale.	grensdocument.	tolddokument.	tulldokument.	carinski dokument.
visto.	visum.	visum/visere.	visum.	viza.
fragile.	breekbaar.	skørt, skrøbeligt.	ömtåligt, bräckligt.	lomljivo.
solo effetti personali.	alleen persoonlijke zaken.	kun personlige effekter.	endast personliga saker.	samo lične stvari.
tassa su...	invoerrecht/accijns op...	told på...	tull på...	carina na...
sigarette/sigari.	sigaretten/sigaren.	cigaretter/cigarer.	cigaretter/cigarrer.	cigarete/cigare.
tabacco.	tabak.	tobak.	tobak.	duvan.
profumo.	parfum.	parfume.	parfym.	parfem.
vino/liquori.	wijn/sterke drank.	vin/spiritus.	vin/sprit.	vino/žestoka pića.
IMPREVISTI	**NOODGEVALLEN**	**NØDSITUATIONER**	**NÖDLÄGE**	**HITNE SITUACIJE**
Ho avuto un incidente.	*Ik heb een ongeluk gehad.*	*Jeg har været ude for en ulykke.*	*Jag har råkat ut för en olycka.*	*Imao sam udes/nesreću.*
C'è stato un incidente.	Er is een ongeluk gebeurd.	Der er sket en ulykke.	Det har inträffat en olycka.	Desila se nesreća.
È ferito?	Bent u gewond?	Er De kommet til skade?	Är ni skadad?	Da li ste povredjeni?
Posso aiutarla?	Kan ik helpen?	Kan jeg hjælpe?	Kan jag hjälpa till?	Mogu li da pomognem?

Imprevisti/Noodgevallen/Nødsituationer/Nödläge/Hitne Situacije

EMERGENCIES

English	Français	Deutsch	Español	Português
Nobody is seriously hurt.	*Il n'y a pas de blessé grave.*	*Niemand ist ernstlich verletzt.*	*Nadie está seriamente herido.*	*Ninguem está gravemente ferido.*
Don't move him/her.	*Ne le/la bougez pas.*	*Bewegen Sie ihn/sie nicht.*	*No le mueva/no la mueva.*	*Não lhe mexa.*
Don't touch anything until the police arrive.	*Ne touchez à rien avant l'arrivée de la police.*	*Bitte berühren Sie nichts bis die Polizei eintrifft.*	*No toquen nada hasta que llegue la policía.*	*Não mexa em nada até a polícia chegar.*
Did you see the accident?	*Avez-vous vu l'accident?*	*Haben Sie den Unfall gesehen?*	*¿Vió el accidente Vd.?*	*Viu o acidente?*
Will you act as a witness?	*Voulez-vous servir de témoin?*	*Wollen Sie als Zeuge aussagen?*	*¿Quiere actuar como testigo?*	*Pode testemunhar?*
The vehicle is damaged.	*Le véhicule est endommagé.*	*Das Fahrzeug ist beschädigt.*	*El vehículo está dañado.*	*O carro sofreu danos.*
The vehicle is not driveable.	*Le véhicule est hors d'usage.*	*Der Wagen ist nicht fahrtüchtig.*	*El vehículo no está en condiciones para poderse conducir.*	*O carro não está em estado de ser conduzido.*
Please tow it to a garage.	*Veuillez le remorquer à un garage.*	*Bitte schleppen Sie ihn zu einer Garage ab.*	*Por favor remolquele hasta un garaje.*	*Por favor reboque-o para uma garagem.*
Please write down...	*Veuillez écrire...*	*Bitte notieren Sie...*	*Por favor, escriba abajo...*	*Por favor escreva...*
...your name and address.	*...votre nom et votre adresse.*	*...Ihren Namen und Ihre Adresse.*	*...su nombre y dirección.*	*...o seu nome e morada.*
...details of your insurance company and policy number.	*...le nom et l'adresse de votre assurance et le numéro de votre police.*	*...Angaben zu Ihrer Versicherungsgesellschaft und -police.*	*...datos de su Compañía de Seguros y número de póliza.*	*...detalhes para a companhia de seguros e número de apólice.*
Will you complete an "agreed statement of facts"?	*Veuillez remplir un constat amiable?*	*Möchten Sie einen Unfallbericht aufnehmen?*	*¿Cumplimentaría una declaración en relación con los hechos?*	*Pode preencher um impresso de descrição da ocorrência?*
ambulance.	ambulance.	Krankenwagen.	ambulancia.	ambulância.
fire brigade.	pompiers.	Feuerwehr.	bomberos.	bombeiros.
first aid kit.	trousse de secours.	Erste-Hilfe-Kasten.	botiquín.	estojo de primeiros socorros.
fire extinguisher.	extincteur.	Feuerlöscher.	extintor de incendios.	extintor.
motoring club.	club automobile.	Automobilclub.	automóvil club.	automóvel clube.
embassy/consulate.	ambassade/consulat.	Botschaft/Konsulat.	embajada/consulado.	embaixada/consulado.
lawyer.	avocat.	Rechtsanwalt.	abogado.	advogado.
driving licence.	permis de conduire.	Führerschein.	permiso de conducir.	carta de condução.
registration certificate.	carte grise.	Kfz-Schein.	documentación de matrícula.	livrete.
green card.	carte verte.	grüne Versicherungskarte.	carta verde.	carta verde.
Police/Legal matters	**Police/Affaires juridiques**	**Polizei/Rechtsfragen**	**Policía/Asuntos legales**	**Polícia/Problemas legais**
I do not admit liability.	*je ne suis pas responsable.*	*Ich weise die Schuld zurück.*	*No admito responsabilidad.*	*Eu não admito a responsabilidade.*
I will make a statement.	*Je voudrais faire une déclaration.*	*Ich möchte eine Aussage machen.*	*Haré una declaración.*	*Farei uma declaração.*
...through an interpreter.	*...par un interprète.*	*...über einen Dolmetscher.*	*...a través de un interprete.*	*...através de um intérprete.*
breathalyser test.	*alcotest.*	*Alkoholtest.*	*prueba del aliento.*	*alcoteste.*

Urgences/Notfälle/Emergencias/Emergências

Italiano	Nederlands	Dansk	Svenska	Srpskohrvatski
Non ci sono feriti gravi.	*Er is niemand ernstig gewond.*	*Ingen er kommet alvorligt til skade.*	*Ingen är allvarligt skadad.*	*Niko nije teže povredjen.*
Non spostatelo/la.	*Hem/haar stil laten liggen.*	*Lad være at flytte ham/hende.*	*Flytta honom/henne inte.*	*Ne pomerajte ga/je.*
Non toccate nulla prima dell'arrivo della polizia.	*Niets aanraken tot de politie komt.*	*Rør ikke ved noget, før politiet kommer.*	*Rör ingenting förrän polisen kommer.*	*Ne dirajte ništa dok ne stigne milicija.*
Ha assistito all'incidente?	*Hebt u het ongeluk zien gebeuren?*	*Så De ulykken ske?*	*Såg ni olyckan?*	*Da li ste videli udes/nesreću?*
Vuol fare da testimone?	*Zou u als getuige willen optreden?*	*Vil De vidne?*	*Vill ni vittna?*	*Možete li svedočiti?*
Il veicolo é danneggiato.	*Het voertuig is beschadigd.*	*Bilen er skadet.*	*Fordonet har skadats.*	*Vozilo je oštećeno.*
Il veicolo è bloccato.	*Er kan niet met het voertuig worden gereden.*	*Bilen kan ikke køre.*	*Fordonet kan inte köras.*	*Vozilo nije u voznom stanju.*
Per favore lo rimorchi in un garage.	*Wilt u het naar een garage laten slepen.*	*Træk den venligst til et værksted.*	*Var snäll bogsera bilen till verkstad.*	*Molim vas odvucite ga u radionicu.*
Per favore scrive...	*Wilt u...opschrijven...*	*Skriv venligst...ned...*	*Var snäll skriv ned...*	*Molim vas napišite...*
...il suo nome e indirizzo.	*...uw naam en adras.*	*...Deres navn og adresse...*	*...ert namn och adress.*	*...svoje ime i adresu.*
...i dati della sua assicurazione e il numero di polizza.	*...uw verzekerings- maatschappij en polisnummer.*	*...navnet på Deres forsikringsselskab og policenummeret.*	*...namn på försäkringsbolag och nummer på försäkringen.*	*...podatke o svom osiguravajućem zavodu i broj polise.*
Vuole compilare un modulo di "constatazione amichevole"?	*Wilt u een internationaal aanrijdingsformulier invullen?*	*Vil De udfylde en "skadesanmeldelse"?*	*Vill ni fylla i en olycksanmälan?*	*Možete li popuniti "zajedničku izjavu o činjenicama"?*
ambulanza.	ambulance.	ambulance.	ambulans.	kola za hitnu pomoć.
pompieri.	brandweer.	brandvæsen.	brandkår.	vatrogasna brigada.
cassetta di pronto soccorso.	verbandtrommel.	førstehjælpskasse.	förbandslåda.	kutija za prvu pomoć.
estintore.	brandblusser.	ildslukker.	eldsläckare.	aparat za gašenje požara.
automobile club.	toeristenclub.	motorklub.	motorklubb.	auto klub.
ambasciata/consolato.	ambassade/consulaat.	ambassade/konsulat.	ambassad/konsulat.	ambasada/konzulat.
avvocato.	advocaat.	sagfører.	advokat.	advokat.
patente di guida.	rijbewijs.	kørekort.	körkort.	vozačka dozvola.
certificato di immatricolazione.	kentekenbewijs.	indregistreringsattest.	besiktningsinstrument.	saobraćajna dozvola.
carta verde.	groene kaart.	grønt kort.	grönt kort.	zelena karta osiguranja.

Polizia/Questioni legali	**Politie/Juridische zaken**	**Politi/Juridiske sager**	**Polis/Juridiskt**	**Milicija/Pravna pitanja**
Non mi riconosco responsabile.	*Ik aanvaard geen aansprakelijkheid.*	*Jeg anerkender ikke erstatningsansvar.*	*Det var inte mitt fel.*	*Ne priznajem krivicu.*
Rilascerò una dichiarazione.	*Ik zal een verklaring afleggen.*	*Jeg vil afgive forklaring.*	*Jag vill avge en förklaring.*	*Daću izjavu.*
...con un interprete.	*...met behulp van een tolk.*	*...gennem en tolk.*	*...genom en tolk.*	*...uz pomoć prevodioca/ tumača.*
alcoltest.	ademtest.	spiritusprøve (spritballon).	alkoholtest, andningsprov.	alkoholna proba duvanjem.

Imprevisti/Noodgevallen/Nødsituationer/Nödläge/Hitne Situacije

EMERGENCIES

English	Français	Deutsch	Español	Português
blood test.	*prise de sang.*	*Blutprobe.*	*análisis de sangre.*	*teste sanguíneo.*
I have been taking drugs.	*Je prends des médicaments.*	*Ich habe Medikamente genommen.*	*He estado tomando medicamentos.*	*tenho estado a tomar medicamentos.*
parking ticket.	procès-verbal.	Strafzettel.	aviso de multa.	bilhete de parque de estacionamento.
on the spot fine.	amende à régler sur place.	sofort zahlbare Geldbuße.	multa pagar en el acto.	pagamento de multa imediato.
bail bond.	titre de cautionnement.	Bürgschaftsschein.	libertad bajo fianza.	fiança.
court.	tribunal.	Gericht.	tribunal.	tribunal.
defence.	défense.	Verteidigung.	defensa.	defesa.
prosecution.	poursuite judiciare.	Anklage.	prosecución.	instauração do processo.
guilty/not guilty.	coupable/innocent.	schuldig/nicht schuldig.	culpable/inocente.	culpado/inocente.
sentence (suspended).	jugement (sursis).	Urteil (ausgesetzt).	sentencia (suspendida).	pena suspensa.
fine.	amende.	Geldstrafe.	multa.	multa.
evidence.	preuve.	Zeugenaussage.	evidencia.	indício, prova.
I am a member of...	*Je suis sociétaire du...*	*Ich bin Mitglied des...*	*Soy un miembro de...*	*En sou membro de...*
Here is my assistance booklet.	*Voici mon livret d'entraide.*	*Hier ist mein Schutzbrief.*	*Aquí está mi carta de asistencia.*	*Aqui está a minha caderneta de assistência turística.*
My car has been towed away.	*La police a enlevé ma voiture.*	*Mein Auto ist abgeschleppt worden.*	*Mi coche ha sido remolcado.*	*O meu carro foi rebocado.*
Where is the police pound?	*Où se trouve la fourrière?*	*Wo ist die Verwahrstelle für Kraftfahrzeuge?*	*¿Dónde está el depósito de la policía?*	*Onde fica o parque da polícia?*
I have lost...	*J'ai perdu...*	*Ich habe...verloren.*	*He perdido...*	*Eu perdi...*
Someone has stolen...	*On m'a volé...*	*Jemand hat...gestohlen.*	*Alguien ha robado...*	*Alguém roubou.*
lost property office.	le service des objets trouvés.	Fundbüro.	oficina de objetos pérdidos.	Secção de achados e perdidos.

Doctors/Hospitals	Chez le médecin/A l'hôpital	Ärtze/Krankenhäuser	Médicos/Hospitales	Médicos/Hospitais
I have a pain here (point).	*J'ai mal ici (indiquez).*	*Hier habe ich Schmerzen (deuten).*	*Tengo un dolor aquí (señalar).*	*tenho uma dor aqui (aponte).*
I take this regularly (show).	*Je prends ceci régulièrement (montrez).*	*Das nehme ich regelmäßig (zeigen).*	*Tomo esto con regularidad (mostrarlo).*	*tomo isto regularmente (mostre).*
I have been stung/bitten.	*J'ai été piqué/mordu.*	*Ich bin gestochen/gebissen worden.*	*He sido picado/mordido.*	*fui picado/mordido.*
diabetic.	diabétique.	zuckerkrank.	diabético.	diabético.
asthmatic.	asthmatique.	asthmatisch.	asmático.	asmático.
pregnant.	enceinte.	schwanger.	embarazada.	grávida.
allergic to...	allergique à...	allergisch gegen...	alérgico a...	alérgico a...

Urgences/Notfälle/Emergencias/Emergências

Italiano	Nederlands	Dansk	Svenska	Srpskohrvatski
analisi del sangue.	bloedproef.	blodprøve.	blodprov.	krvna proba.
Ho preso dei farmaci.	Ik heb geneesmiddelen gebruikt.	Jeg har taget medicin.	Jag har tagit medicin.	Uzimam lekove.
multa per divieto di sosta.	parkeerbon.	parkeringsbøde.	parkeringsböter.	kazna za nepropisno parkiranje.
ammenda conciliabile.	direkt te betalen boete.	bøde på stedet.	böter på platsen.	mandatna kazna.
cauzione.	schriftelijk bewijs van borgstelling.	kautionsbevis.	borgen.	kaucija.
tribunale.	rechtbank.	ret.	dom stol.	sud.
difesa.	de verdediging.	forsvar.	försvarsadvokat.	odbrana.
accusa.	strafvervolging.	sagsanlæg.	åtal.	optužba.
colpevole/innocente.	schuldig/niet schuldig.	skyldig/ikke skyldig.	skyldig/icke skyldig.	kriv/nije kriv.
sentenza (sospesa).	(voorwaardelijke) veroordeling.	dom (betinget).	dom (villkorlig).	presuda (uslovna).
ammenda.	boete.	bøde.	böter.	novčana/kazna.
prova.	bewijs.	bevis.	bevis.	dokaz.
Sono socio del...	Ik ben lid van de...	Jeg er medlem af...	Jag är medlem av...	Član sam...
Ecco il mio libretto di assistenza ETI.	Hier is mijn reis-en kredietbrief.	Her er mit gule hæfte.	Här är mitt assistans- och kreditbrev.	Izvolite moju knjižicu turing pomoći.
La mia auto è stata rimorchiata via.	Mijn auto is weggesleept.	Min bil er blevet slæbt væk.	Min bil har bogserats bort.	Kola su mi odvučena.
Dov'è il deposito della polizia?	Waar staan de weggesleepte auto's opgeslagen?	Hvor er politiets parkeringsplads?	Var är uppställningsplatsen?	Gde je parkiralište milicije?
Ho perso...	Ik heb...verloren.	Jeg har mistet...	Jag har förlorat...	Izgubio sam...
Mi hanno rubato...	Iemand heeft...gestolen.	Nogen har stjålet.	Någon har stulit...	Neko mi je ukrao...
ufficio oggetti smarriti.	Bureau voor gevonden voorwerpen.	hittegodskontor.	hittegodskontor.	Biro za nadjene stvari.

Medici/Ospedali	**Dokters/Ziekenhuizen**	**Læger/Hospitaler**	**Läkare/Sjukhus**	**Lekari/Bolnice**
Ho un dolore qui (indicare).	Ik heb hier pijn (aanwijzen).	Jeg har smerter her (peg).	Jag har ont här (visa).	Boli me ovde (pokazati gde).
Prendo questo abitualmente (mostrare).	Ik neem dit regelmatig in (laten zien).	Jeg har taget dette regelmæssigt (vis frem).	Jag tar detta regelbundet (visa).	Uzimam redovno (pokazati šta).
Sono stato punto/morso.	Ik ben gestoken/gebeten.	Jeg er blevet stukket/bidt.	Jag har blivit stungen/biten.	Ubolo me je/Ugrizlo me je.
diabetico.	diabetisch.	diabetiker.	sockersjuk.	šeceras/djabetičar.
asmatico.	astmatisch.	astmatiker.	astmasjuk.	bolesnik od astme.
incinta.	zwanger.	gravid.	gravid.	u drugom stanju, trudna.
allergico a...	allergisch voor...	allergisk overfor...	allergisk mot...	alergičan na...

Imprevisti/Noodgevallen/Nødsituationer/Nödläge/Hitne Situacije

EMERGENCIES

English	Français	Deutsch	Español	Português
high blood pressure.	hypertension.	hoher Blutdruck.	tensión alta.	tensão arterial alta.
heart condition.	un coeur malade.	Herzbeschwerden.	enfermedad cardíaca.	estado cardíaco.
earache.	mal à l'oreille.	Ohrenschmerzen.	dolor de oídos.	dor de ouvido.
headache.	un mal à la tête.	Kopfschmerzen.	dolor de cabeza.	dor de cabeça.
I have brought up blood.	J'ai vomi du sang.	Ich habe Blut gespuckt.	He vomitado sangre.	perdi sangue.
I fainted.	J'ai perdu connaissance.	Ich bin ohnmächtig geworden.	Me desmayó/mareó.	Desmaiei.
He/she is ill.	Il/elle est malade.	Er/sie ist krank.	El/ella está enfermo/a.	Ele/ela está doente.
I feel dizzy.	J'ai des vertiges.	Mir ist schwindlig.	Siento vértigo.	Sinto-me tonto.
I have difficulty in... swallowing/breathing.	J'ai de la peine à... avaler/respirer.	Ich habe Probleme mit... Schlucken/Atmen.	Tengo dificultades para... tragar/respirar.	Tenho dificuldade em... engolir/respirar.

Spoken by the doctor / Phrases du médecin / Vom Arzt gesprochen / Hablando con el médico / Dito pelo medico

English	Français	Deutsch	Español	Português
How long have you been ill?	Depuis combien de temps êtes-vous malade?	Wie lange sind Sie schon krank?	¿Cuánto tiempo ha estado enfermo?	Há quanto tempo está doente?
Have you sickness insurance?	Avez-vous une assurance maladie?	Sind Sie in einer Krankenkasse?	Tiene Vd. seguro de enfermedad?	Tem seguro de doença?
I am going to give you an injection.	Je vais vous faire une piqûre.	Ich gebe Ihnen eine Spritze.	Voy a inyectarle.	Vou dar-lhe uma injecção.
Take these...once/twice/three times daily,	Prenez ceci...une fois/deux fois/trois fois par jour,	Nehmen Sie die...einmal/ zweimal/dreimal täglich,	Tome esto...una vez/dos veces/tres veces al día,	Tome isto...uma/duas/três vezes ao dia,
before/during/after meals, at night.	avant, pendant, après le repas, le soir.	vor/während/nach dem Essen, nachts.	antes/durante/después de las comidas, por la noche.	antes/durante/depois das refeições, à noite.
Stay in bed for...days.	Vous devez rester...jours au lit.	Bleiben Sie...Tage im Bett.	Permanezca en la cama durante...días.	Fique de cama durante...dias.
You must not eat.../drink...	Vous ne devez pas manger.../ boire...	Sie dürfen nicht essen/ ...trinken	No debe comer.../beber...	Não deve comer.../beber...
You must not drive.	Vous ne devez pas conduire.	Sie dürfen nicht Autofahren.	No debe conducir.	Não deve guiar.
You must go to hospital.	Vous devez être hospitalisé.	Sie müssen ins Krankenhaus.	Debe ir al hospital.	Tem que ir para o hospital.
Come back in...days.	Revenez me voir dans...jours.	Kommen Sie in...Tagen zurück.	Vuelva en...días.	Volte dentro de...dias.
surgery.	cabinet.	Sprechzimmer.	consulta.	consultório médico.
casualty department.	salle des urgences.	Unfallstation.	sala de urgencias.	serviço de urgencia.
appointment.	rendez-vous.	Termin.	cita/hora de consulta.	consulta.
treatment.	traitement.	Behandlung.	tratamiento.	tratamento.
bandage.	pansement.	Binde/Verband.	venda.	ligadura.

Dentist/Optician / Dentiste/Opticien / Zahnarzt/Optiker / Dentista/Optico / Dentista/Oftalmologista

English	Français	Deutsch	Español	Português
toothache.	mal aux dents.	Zahnschmerzen.	dolor de dientes.	dor de dentes.

Urgences/Notfälle/Emergencias/Emergências

Italiano	Nederlands	Dansk	Svenska	Srpskohrvatski
pressione alta.	hoge bloeddruk.	(for) højt blodtryk.	högt blodtryck.	visok krvni pritisak, tlak.
cuore.	hartkwaal.	dårligt hjerte.	dåligt hjärta.	srčani bolesnik.
mal d'orecchio.	oorpijn.	ørepine.	ont i örat.	uhobolja.
mal di testa.	hoofdpijn.	hovedpine.	ont i huvudet, huvudvärk.	glavobolja.
Ho vomitato sangue.	Ik heb bloed opgegeven.	Jeg har hostet blod op.	Jag har hostat blod.	Povratio/Povratila sam krv.
Sono svenuto.	Ik ben flauwgevallen.	Jeg besvimede.	Jag svimmade.	Pao/Pala sam u nesvest.
Egli/ella è malato/a.	Hij/zij is ziek.	Han/hun er syg.	Han/hon är sjuk.	On je bolestan/Ona je bolesna.
Ho le vertigini.	Ik ben duizelig.	Jeg er svimmel.	Jag känner mig yr.	Imam vrtoglavicu.
Faccio fatica a... inghiottire/respirare.	Ik heb moeite met... slikken/ademhalen.	Jeg har svært ved at... synke/trække vejret.	Jag har svårt att... svälja/andas.	Imam teškoće sa... gutanjem/disanjem.

Detto dal medico	**Wat zegt de dokter**	**Sagt af lægen**	**Vad doktorn frågar**	**Izjave lekara**
Da quanto tempo è ammalato?	Hoe lang bent u al ziek?	Hvor længe har De været syg?	Hur länge har ni varit sjuk?	Koliko ste dugo bolesni?
È assicurato contro le malattie?	Hebt u een ziekteverzekering?	Har De en sygeforskiring?	Har ni sjukförsäkring?	Imate li zdravstveno osiguranje?
Le farò un'iniezione.	Ik zal u een injectie geven.	Jeg vil give Dem en indsprøjtning.	Jag skall ge er en spruta.	Daću vam injekciju.
Prenda queste...una/due/tre volte al giorno,	Neem dit eenmaal/tweemaal/ driemaal per dag in,	Tag disse...en gang/to gange/ tre gange dagligt,	Ta dessa...en gång/två gånger/tre gånger dagligen,	Uzimajte ovo...jednom/ dvaput/tri puta dnevno,
prima/durante/dopo i pasti, di notte.	voor/tijdens/na de maaltijd, 's nachts.	før/under/efter måltidet, om natten.	före/under/efter måltiderna, på kvällen.	pre/za vreme/posle jela, prije spavanja (noću).
Deve restare...giorni a letto.	Blijf...dagen in bed.	Bliv i sengen i...dage.	Ligg till sängs i...dagar.	Ostanite u postelji/ krevetu...dana.
Non deve mangiare.../bere...	U mag geen...eten/drinken.	De må ikke spise.../drikke...	Ni får inte äta.../dricka...	Ne smete da jedete.../pijete...
Non deve guidare.	U mag niet autorijden.	De må ikke køre selv.	Ni får inte köra.	Ne smete da vozite.
Deve essere ricoverato in ospedale.	U moet naar het ziekenhuis.	De må på hospitalet.	Ni måste till sjukhus.	Morate u bolnicu.
Torni tra...giorni.	Komt u over...dagen terug.	Kom igen om...dage.	Kom tillbaka om...dagar.	Dodjite na kontrolu za...dana.
gabinetto medico.	dokterspraktijk.	konsultation.	mottagning.	ordinacija.
pronto soccorso.	eerstehulpafdeling.	skadestue.	olycksfallsavdelning.	traumatološko odeljenje.
appuntamento.	afspraak.	aftale/tid.	avtalad tid.	zakazani pregled.
cura.	behandeling.	behandling.	behandling.	lečenje.
fasciatura/bendaggio.	zwachtel.	forbinding/bandage.	bandage/förband.	zavoj.

Dentista/Ottico	**Tandarts/Opticien**	**Tandlæge/Optiker**	**Tandläkare/Optiker**	**Zubar/Optičar**
mal di denti.	kiespijn.	tandpine.	tandläkare.	zubobolja.

Imprevisti/Noodgevallen/Nødsituationer/Nödläge/Hitne Situacije

English	Français	Deutsch	Español	Português
I have lost/broken...	*J'ai perdu/cassé...*	*Ich habe...verloren/ abgebrochen...*	*He perdido/roto...*	*perdi/parti...*
a filling.	un plombage.	eine Füllung.	un empaste.	un chumbo da obturação.
a crown.	une couronne.	eine Krone.	una corona.	uma coroa.
my dentures.	mon dentier.	mein Gebiß.	mi dentadura.	dentadura.
my glasses.	mes lunettes.	meine Brille.	mis gafas	os meus óculos.
my contact lenses.	mes verres de contact/ lentilles de contact.	meine Kontaktlinsen.	mis lentes de contacto.	as minhas lentes de contacto.
(see also under "Chemist" page 24)	*(voir aussi sous "Pharmacie" p 24)*	*(vg. auch unter "Apotheke" Seite 24)*	*(Consultar también "Farmacia" pagina 24)*	*(Consultar também "Farmâcia" pagina 24)*

Friends and relatives / Amis et parents / Freunde und Verwandte / Amigos y parientes / Amigos e parentes

English	Français	Deutsch	Español	Português
son, daughter,	fils, fille,	Sohn, Tochter,	hijo, hija,	filho, filha,
mother, father,	mère, père,	Mutter, Vater,	madre, padre,	mãe, pai.
husband, wife,	mari, épouse,	Ehemann, -frau,	marido, esposa,	marido, mulher (esposa),
brother, sister,	frère, soeur,	Bruder, Schwester,	hermano, hermana,	irmão, irmã,
child.	enfant.	Kind.	niño.	criança.
boyfriend/girlfriend.	ami/amie.	Freund/Freundin.	novio/novia.	namorado/namorada.

Parts of the body / Corps Humain / Körperteile / Cuerpo Humano / Corpo Humano

English	Français	Deutsch	Español	Português
heart.	coeur.	Herz.	corazón.	coração.
stomach.	estomac.	Magen.	estómago.	estômago.
bladder.	vessie.	Blase.	vejiga.	bexiga.
head.	tête.	Kopf.	cabeza.	cabeça.
skull.	crâne.	Schädel.	cráneo.	crâneo.
face.	visage.	Gesicht.	cara.	rosto.
ear.	oreille.	Ohr.	oído.	orelha.
eye.	oeil.	Auge.	ojo.	olho.
nose.	nez.	Nase.	nariz.	nariz.
mouth.	bouche.	Mund.	boca.	boca.
throat.	gorge.	Kehle.	garganta.	garganta.
neck.	cou.	Hals.	cuello.	pescoço.
shoulder.	épaule.	Schulter.	hombro.	ombro.
hand.	main.	Hand.	mano.	mão.
wrist.	poignet.	Handgelenk.	muñeca.	pulso.
finger, thumb.	doigt, pouce.	Finger, Daumen.	dedo de la mano, pulgar.	dedo, polegar.
chest.	poitrine.	Brust.	pecho.	peito.
hip.	hanche.	Hüfte.	cadera.	anca.
rib.	côte.	Rippe.	costilla.	costela.
back.	dos.	Rücken.	espalda.	costas.

Italiano	Nederlands	Dansk	Svenska	Srpskohrvatski
Ho perso/rotto...	*ik heb...verloren/gebroken.*	*Jeg har mistet/brækket...*	*jag har tappat/brutit...*	*Izgubio sam/slomio...*
un'otturazione.	*een vulling.*	*en plombe.*	*en plomb.*	*plombu.*
una capsula.	*een kroon.*	*en krone.*	*en krona.*	*krunicu.*
la mia dentiera.	*mijn kunstgebit.*	*min protese.*	*mina löständer.*	*veštačku vilicu/zubalo.*
i miei occhiali.	*mijn bril.*	*mine briller.*	*mina glasögon.*	*naočare.*
le mie lenti a contatto.	*mijn contactlenzen.*	*mine kontaktlinser.*	*mina kontaktlinser.*	*kontaktna stakla/kontaktne leće.*
(vedi anche alla voce "Farmacia", pag 24)	*(zie ook onder "apotheker" blz 24)*	*(se også under "Apotek", side 24)*	*(se också under "Apotek", sid 24)*	*(vidi takodje pod Apoteka, str 24)*

Amici e Parenti	**Familie en vrienden**	**Venner og slægtninge**	**Vänner och släktingar**	**Prijatelji i rodbina**
figlio, figlia,	zoon, dochter,	søn, datter,	son, dotter,	sin, kći,
madre, padre,	moeder, vader,	mor, far,	mor (mamma), far (pappa),	majka, otac,
marito, moglie,	echtgenoot, echtgenote,	mand, hustru,	make, maka,	suprug, supruga,
fratello, sorella,	broer, zuster,	broder, søster,	bror, syster,	brat, sestra,
bambino.	kind.	barn.	barn.	dete.
fidanzato/fidanzata.	vriend/vriendin.	ven/veninde.	pojkvän/flickvän.	dečko/devojka.

Corpo Umano	**Menselijk Lichaam**	**Menneskelegemet**	**Människokroppen**	**Delovi Tela**
cuore.	hart.	hjerte.	hjärta.	srce.
stomaco.	maag.	mave.	mage.	stomak.
vescica.	blaas.	blære.	urinblåsa.	bešika/mjehur.
testa.	hoofd.	hoved.	huvud.	glava.
cranio.	schedel.	hjerneskal/kranium.	skalle.	lobanja.
viso.	gezicht.	ansigt.	ansikte.	lice.
orecchio.	oor.	øre.	öra.	uho.
occhio.	oog.	øje.	öga.	oko.
naso.	neus.	næse.	näsa.	nos.
bocca.	mond.	mund.	mun.	usta.
gola.	keel.	hals, strube, svælg.	hals, strupe.	grlo.
collo.	hals.	hals.	hals.	vrat.
spalla.	schouder.	skulder.	axel.	rame.
mano.	hand.	hånd.	hand.	ruka.
polso.	pols.	håndled.	handled.	ručni zglob.
dito, pollice.	vinger, duim.	finger, tommeltot.	finger, tumme.	prst, palac.
petto.	borst.	bryst.	bröst.	grudi.
anca/fianco.	heup.	hofte.	höft.	kuk.
costola.	rib.	ribben.	revben.	rebro.
dorso.	rug.	ryg.	rygg.	ledja.

Imprevisti/Noodgevallen/Nødsituationer/Nödläge/Hitne Situacije

English	Français	Deutsch	Español	Português
leg.	jambe.	Bein.	pierna.	perna.
knee.	genou.	Knie.	rodilla.	joelho.
ankle.	cheville.	Knöchel.	tobillo.	tornozelo.
foot.	pied.	Fuß.	pie.	pé.
bone.	os.	Knochen.	hueso.	osso.
muscle.	muscle.	Muskel.	músculo.	músculo.

CAMPING/YOUTH HOSTELS	CAMPING/AUBERGES DE JEUNESSE	CAMPING/JUGENDHERBERGEN	CAMPING/ALBERGUES JUVENILES	CAMPING/ALBERGUES DE JUVENTUDE
I am a member of...	Je suis sociétaire du...	Ich bin Mitglied des...	Soy miembro de...	Sou membro de...
Here is my camping carnet.	Voici mon carnet de camping.	Hier ist mein Camping-Ausweis.	Aquí está mi carnet de camping.	Aqui está a minha carta campista.
What is the charge...?	Quel est le prix...?	Wie hoch ist die Gebühr...?	¿Cuánto es...?	Quanto é?
...per night.	...par nuitée.	...pro Nacht.	...cada noche.	...por noite.
...for a tent.	...pour une tente.	...für ein Zelt.	...por tienda.	...por uma tenda.
...for a caravan.	...pour une caravane.	...für einen Wohnanhänger.	...por caravana (remolque).	...por uma caravana.
...per person.	...par personne.	...pro Person.	...por persona.	...por pessoa.
...for electricity.	...pour la prise de courant.	...für Stromanschluß.	...por la electricidad.	...pela electricidade.
Where can I refill my gas cylinder?	Où puis-je recharger ma bouteille de gaz?	Wo kann ich meine Gasflasche auffüllen?	¿Dónde puedo rellenar mi camping-gas?	Onde posso encher a minha bilha de gáz?
Can I hire a gas cylinder?	Puis-je louer une bouteille de gaz?	Kann ich eine Gasflasche leihen?	¿Puedo alquilar un camping-gas?	Posso alugar uma bilha de gáz?
Can I park the car next to the tent?	Puis-je garer la voiture à côté de la tente?	Darf ich meinen Wagen neben dem Zelt abstellen?	¿Puedo aparcar el coche cerca de la tienda?	Posso estacionar o carro junto da tenda?
May we light a fire?	Pouvons-nous faire du feu?	Dürfen wir ein Feuer anmachen?	¿Podemos encender un fuego?	Posso acender uma fogueira?
Is the water drinkable?	L'eau est-elle potable?	Ist das Wasser trinkbar?	¿Es potable el agua?	A água é potável?
I am leaving early tomorrow.	Je partirai demain matin de bonne heure.	Ich fahre morgen früh ab.	Me marcharé mañana temprano.	Parto amanhã cedo.
Is the ground firm in wet weather?	Le sol est-il ferme par temps pluvieux?	Bleibt der Boden auch bei Regenwetter fest?	¿Está el suelo firme con tiempo húmedo?	O chão é seguro com chuva?
Is there/are there...?	Y a-t-il...?	Gibt es...?	¿Hay/hay...?	Está ali/estão ali...
Where is/where are...?	Où est/où sont...?	Wo ist/Wo sind...?	¿Dónde está/dónde están...?	Onde está/onde estão...?
...(the) showers.	...(les) douches.	...(die) Duschen.	...(las) duchas.	...os chuveiros.
...(the) washing facilities.	...(les) installations sanitaires.	...(die) Waschräume.	...(los) lavaderos.	...lavadouros.
...(the) drying facilities.	...(les) séchoirs.	...(die) Trockenräume.	...(las) secadoras.	...estendal.
the/a swimming pool.	la/une piscine.	das/ein Schwimmbecken.	la/una piscina.	a luma piscina.
the/a shop.	le/un magasin.	der/ein Laden.	la/una tienda.	o loja.
the/a bar.	le/un bar.	die/eine Bar.	el/un bar.	o bar.
the/a restaurant.	le/un restaurant.	das/ein Restaurant.	el/un restaurante.	o restaurante.

Le Camping, Auberges de Jeunesse/Camping, Jugendherbergen/Camping, Albergues Juveniles/Camping, Albergues de Juventude

Italiano	Nederlands	Dansk	Svenska	Srpskohrvatski
gamba.	been.	ben.	ben.	noga.
ginocchio.	knie.	knæ.	knä.	koleno.
caviglia.	enkel.	ankel.	fotled.	skočni zglob/glezanj.
piede.	voet.	fod.	fot.	stopalo.
osso.	bot.	knogle.	ben.	kost.
muscolo.	spier.	muskel.	muskel.	mišić.

CAMPEGGI/OSTELLI DELLA GIOVENTU	KAMPEREN/JEUGD-HERBERGEN	CAMPING/VANDREHJEM	CAMPING/VANDRARHEM	KAMPING/OMLADIN-SKA ODMARALIŠTA
Sono socio del...	*Ik ben lid van...*	*Jeg er medlem af...*	*Jag är medlem av...*	*Član sam...*
Ecco il mio carnet camping.	*Hier is mijn kampeercarnet.*	*Her er mit campingpas.*	*Här är mitt campingkort.*	*Izvolite moju kamping knjižicu.*
Qual'è la tariffa?	*Wat is het tarief...?*	*Hvad er prisen...?*	*Vad är avgiften...?*	*Koliko naplaćujete...?*
...per un pernottamento.	*...per nacht.*	*...pr. nat.*	*...per natt.*	*...za noć.*
...per una tenda.	*...voor een tent.*	*...for et telt.*	*...för ett tält.*	*...za šator.*
...per una roulotte.	*...voor een caravan.*	*...for en campingvogn.*	*...för en husvagn.*	*...za prikolicu.*
...per ogni persona.	*...per persoon.*	*...pr. person.*	*...per person.*	*...po osobi.*
...per l'allacciamento alla rete elettrica.	*...voor electriciteit.*	*...for elektricitet.*	*...för elektricitet.*	*...za struju.*
Dove posso ricaricare la mia bombola di gas liquido?	*Waar kan ik mijn gasfles vullen?*	*Hvor kan jeg få min gasflaske fyldt op igen?*	*Var kan jag fylla gasol?*	*Gde mogu da napunim bocu za gas?*
Posso noleggiare una bombola di gas liquido?	*Kan ik een gasfles huren?*	*Kan jeg leje en gasflaske?*	*Kan jag hyra gasolbehållare?*	*Mogu li da iznajmim bocu za gas?*
Posso parcheggiare l'auto vicino alla tenda?	*Kan ik de auto naast de tent parkeren?*	*Kan jeg parkere bilen ved siden af teltet?*	*Kan jag parkera bilen intill tältet?*	*Mogu li da parkiram kola pored šatora?*
Possiamo accendere il fuoco?	*Mogen wij een vuur maken?*	*Må vi tænde bål?*	*Får vi göra upp eld?*	*Smemo li da ložimo vatru?*
L'acqua è potabile?	*Is het water drinkbaar?*	*Kan vandet drikkes?*	*Är vattnet drickbart?*	*Da li je voda pitka?*
Partirò domattina presto.	*Ik vertrek morgen vroeg.*	*Jeg tager af sted tidligt i morgen.*	*Vi far tidigt i morgon bitti.*	*Odlazim sutra rano ujutro.*
E'stabile il terreno quando piove?	*Is de grond bij nat weer stevig?*	*Er grunden fast i regnvejr?*	*Är marken fast även i regnväder?*	*Da li je tlo čvrsto i kad je mokro?*
C'è/ci sono...?	*Is er/zijn er...?*	*Er der...?*	*Finns det...?*	*Ima li...?*
Dov'è/dove sono...?	*Waar is/waar zijn...?*	*Hvor er...?*	*Var finns...?*	*Gde se nalazi/nalaze...*
...le docce.	*...de douches.*	*...brusebadene?*	*...duschen.*	*...tuševi.*
...i locali per lavare la biancheria.	*...de wasgelegenheid.*	*...vaskerummet?*	*...tvättrummet.*	*...prostor za pranje.*
...i locali per asciugare la biancheria.	*...de drooggelegenheid.*	*...tørrerummet?*	*...torkrummet.*	*...prostor za sušenje.*
la/una piscina.	*het/een zwembad.*	*swimming poolen.*	*simbassängen.*	*bazen za kupanje.*
lo/uno spaccio.	*de/een winkel.*	*butikken.*	*affären.*	*prodavnica.*
il/un bar.	*de/een bar.*	*baren.*	*baren.*	*kafana/krčma/bar.*
il/un ristorante.	*het/een restaurant.*	*restauranten.*	*restaurangen.*	*restoran.*

Campeggi, Ostelli della Gioventu'/Kamperen, Jeugdherbergen/Camping, Vandrehjem/Camping, Vandrarhem/Kamping, Omladinska Odmaraslišta

CAMPING/YOUTH HOSTELS

English	Français	Deutsch	Español	Português
the nearest shops.	*les magasins les plus proches.*	*die nächstgelegenen Geschäfte.*	*las tiendas más cercanas.*	*a loja mais pròxima.*
the nearest petrol station.	*la station service la plus proche.*	*die nächste Tankstelle.*	*la gasolinera más cercana.*	*o posto de gasolina mais próximo.*
a waste water disposal point.	*un lieu d'évacuation pour les eaux usagées.*	*eine Klärgrube.*	*la cloaca.*	*onde se despeja a água suja.*
rubbish disposal point.	*les poubelles.*	*ein Müllplatz.*	*basurero.*	*lugar para despejar o lixo e detritos.*
chemical toilet disposal point.	*un lieu d'évacuation pour W.C. chimiques.*	*eine Klärgrube für chemische Toiletten.*	*el lugar para echar los residuos químicos.*	
The...is not working.	*Le(la)...ne marche pas.*	*Der (die, das)...funktioniert nicht.*	*El...no funciona.*	*O...não está a funcionar.*
toilet/shower/tap.	*W.C./douche/robinet.*	*Toilette/Dusche/Wasserhann.*	*lavabo/ducha/grifo.*	*casa de banho/chuveiro/torneira.*
razor point/light.	*prise pour le rasoir/lumière.*	*Anschluß für den Rasierapparat/Licht.*	*enchufe para una máquina de afeitar/luz.*	*ficha para máquina de barbear/luz.*
electricity adaptor.	adaptateur électrique.	Strom-Adapter.	transformador.	transformador.
gas adaptor.	adaptateur à gaz.	Gas-Adapter.	adaptador del gas.	adaptador de gáz.
tent, tent peg, tent pole.	tente, piquet, mât.	Zelt, Zeltpflock, Mast.	tienda/clavija/palo de la tienda.	tenda, estaca, mastro da tenda.
guy rope.	cordon de tirage.	Spannseil.	vientos de la tienda.	esticador.
ground sheet.	tapis de sol.	Zeltboden.	tela impermeable.	pano de chão.
mallet.	maillet.	Holzhammer, Schlagholz.	mazo.	maço, martelo.
sleeping bag.	sac de couchage.	Schlafsack.	saco de dormir.	saco de dormir.
pump.	pompe.	Pumpe.	bomba.	bomba.
knife/fork/spoon.	couteau/fourchette/cuillère.	Messer/Gabel/Löffel.	tenedor/cuchillo/cuchara.	faca/garfo/colher.
plate/cup/glass.	assiette/tasse/verre.	Teller/Tasse/Glas.	plato/taza/vaso.	prato/chávena/copo.
kettle/frying pan.	bouilloire/poêle à frire.	Wasserkessel/Bratpfanne.	olla/freidora.	cafeteira/frigideira.
saucepan.	casserole.	Kochtopf.	cacerola.	caçarola.
corkscrew.	tire-bouchon.	Korkenzieher.	sacacorchos.	saca-rolhas.
bottle/tin opener.	décapsuleur/ouvre-boîtes.	Flaschen-/Büchsenöffner.	botella/abrelatas.	saca cápsulas/abre latas.
gas stove.	rechaud à gaz.	Gasbrenner.	hornillo de gas.	fogão a gáz.
torch.	lampe de poche.	Taschenlampe.	linterna.	lanterna eléctrica.
gas lamp.	lampe à gaz.	Gaslampe.	lámpara de gas.	candeeiro a gáz.
candle.	bougie.	Kerze.	candíl.	vela.
rubbish bag/bin.	sac/boîte à ordures.	Abfalltüte/-eimer.	saco bolsa/cubo de basura.	saco de lixo/caixa.
water carrier.	bidon à eau.	Wasserkanne.	cantimplora.	bidão.
windshield.	abrivent.	Windschutz.	abrigo o protección (contra el viento).	quebra vento.

Le Camping, Auberges de Jeunesse/Camping, Jugendherbergen/Camping, Albergues Juveniles/Camping, Albergues de Juventude

Italiano	Nederlands	Dansk	Svenska	Srpskohrvatski
i negozi più vicini.	*de dichtstbijzijnde winkels.*	*de nærmeste butikker.*	*närmaste affär.*	*najbliže prodavnice.*
la stazione di servizio più vicina.	*het dichtstbijzijnde benzinestation.*	*den nærmeste servicestation.*	*närmaste bensinstation.*	*najbliža benzinska pumpa.*
il pozzetto per gettar via l'acqua sporca.	*een stortplaats voor afvalwater.*	*spildvandsbeholder.*	*avlopp för smutsvatten.*	*slivnik za prljavu vodu.*
il bidone delle immondizie.	*vuilnisstortplaats.*	*affaldscontainer.*	*soptunnor.*	*odlagalište smeća.*
ill pozzetto per vuotare i W.C. chimici.	*plaats voor ledigen van chemisch toilet.*	*tømning af kemisk toilet.*	*tömning av kemisk toalett.*	*deponija za sadržaj hemijskog W.C.*
Il/la...è fuori uso (non funziona).	*De/het...werkt niet.*	*...virker ikke.*	*...fungerar inte.*	*Ne radi (u kvaru je)...*
gabinetto/doccia/rubinetto.	*toilet/douche/kraan.*	*toilet/bruser/hane.*	*toalett/dusch/vatten.*	*toalet/tuš/slavina.*
presa per il rasoio elettrico/ luce	*stopcontact voor scheerapparaten/licht.*	*stik til elektrisk barbermaskine/lys.*	*uttag för rakapparat/elljus.*	*utikač za brijanje/svetlo.*
raccordo per l'impianto elettrico.	electriciteitsadaptor.	elkonverter.	el-adapter.	priključak za struju.
raccordo per la bombola del gas.	gasaansluitstuk.	gastilslutning.	gasol-adapter.	priključak za gas, plin.
tenda, picchetto, palo di sostegno della tenda.	tent, tentpen, tentstok.	telt, teltpløg, teltstang.	tält/tältpinne/tältstång.	šator, kočić za šator, šipka za šator.
tirante.	scheerlijn.	bardun.	tältrep.	konopac (uže) za šator.
tappeto a catino (pavimento).	grondzeil.	underlag.	tältunderlag.	pod šatora, donje platno.
mazzuolo.	houten hamer.	kølle.	klubba.	čekić (s drvenom glavom).
sacco a pelo.	slaapzak.	sovepose.	sovsäck.	vreća za spavanje.
pompa.	pomp.	pumpe.	pump.	pumpa.
coltello/forchetta/cucchiaio.	mes/vork/lepel.	kniv/gaffel/ske.	kniv/gaffel/sked.	nož/viljuška/kašika (žlica).
piatto/tazza/bicchiere.	bord/kopje/glas.	tallerken/kop/glas.	tallrik/kopp/glas.	tanjir/šolja/čaša.
pentola per acqua/padella per friggere.	ketel/koekepan.	kedel/stegepande.	vattenkokare/stekpanna.	čajnik za vodu/tiganj, tava za pečenje.
casseruola.	steelpan.	gryde/kasserolle.	kastrull.	šerpa/tecá.
cavatappi.	kurketrekker.	proptrækker.	korkskruv.	vadičep.
apribottiglie/apriscatole.	fles/blikopener.	øloplukker/dåseåbner.	flasköppnare/ konservöppnare.	otvarač za boce/konzerve.
fornello a gas.	gasbrander.	gasbrænder.	gasolkök.	plinski rešo/plinsko kuhalo.
lampada a pile.	zaklantaarn.	stavlygte.	ficklampa.	džepna lampa.
lampada a gas.	gaslamp.	gaslampe.	gasollampa.	gasna, plinska svetiljka.
candela.	kaars.	stearinlys.	ljus.	sveća.
sacchetto per l'immondizia/ deposito.	vuilniszak/bak.	affaldspose/affaldsbøtte.	avfallspåse/avfallstunna.	kesa/kanta za otpatke.
bidone per l'acqua.	waterkan.	vandebeholder.	vattenhink.	kanta za vodu.
parabrezza.	windscherm.	læskærm.	vindskydd.	vetrobran.

Campeggi, Ostelli della Gioventu'/Kamperen, Jeugdherbergen/Camping, Vandrehjem/Camping, Vandrarhem/Kamping, Omladinska Odmaraslišta

GARAGES AND BREAKDOWNS

English	Français	Deutsch	Español	Português
cool box.	glacière.	Kühlbehälter.	nevera.	caixa isotérmica.
bulb.	ampoule.	Birne (elektrische).	bombilla.	lâmpada.
fuse.	fusible.	Sicherung.	fusible.	fusível.
sink.	évier.	Ausguß.	lavabo/fregadero.	pia.
towing attachment.	timon de remorque.	Abschleppaurüstung.	acoplamiento del remolque.	fixador de engate.
MOTORCYCLES/BICYCLES	**MOTOS/ BICYCLETTES**	**MOTORRÄDER/FAHR-RÄDER**	**LA MOTOCICLETA/LA BICICLETA**	**MOTOCICLETA/BICI-CLETA**
frame.	cadre.	Rahmen.	cuadro.	quadro.
front fork.	fourche avant.	Vordergabel.	horquilla delantera.	forquilha dianteira.
rim.	jante.	Felge.	llanta.	jante.
spoke.	rayon.	Speiche.	radio.	raio.
hub.	moyeu.	Nabe.	cubo.	cubo de roda.
mudguard.	pare-boue.	Schutzblech.	guardabarros.	guarda-lamas.
chainwheel.	transmission.	Übersetzung.	rueda dentada para cadena.	roda dentada.
chain.	chaîne.	Kette.	cadena.	correia.
saddle.	selle.	Sattel.	sillín.	selim.
handlebars.	guidon.	Lenkstange.	manillar.	guiador.
gear cable.	changement de vitesse.	Gangschaltung.	cable de marchas.	cabo de mundanças.
gear change grip.	levier du changement de vitesse.	Schalthebel.	manilla del cambio.	alavanca de mudanças.
reflector.	réflecteur.	Reflektor.	reflector.	reflector.
luggage carrier.	porte-bagages.	Gepäckträger.	maletero.	porta-bagagens.
saddlebag.	sacoche.	Satteltasche.	bolsa del sillín.	bolsa de selim.
tool kit.	sacoche d'outillage.	Werkzeugtasche.	juego de herramientas.	estojo de ferramentas.
(see also car components page 52)	*(voir également la liste des élements automobiles p 52)*	*(vgl. auch Bauteile des Autos Seite 52)*	*(Véase también la lista de piezas de recambio, página 52)*	*(ver também a lista des peças do automóvel, pag 52)*

GARAGES AND BREAKDOWNS	**GARAGES ET PANNES**	**WERKSTÄTTEN UND PANNENDIENST**	**GARAJES/AVERIAS**	**GARAGENSE E DESEMPANAGENS**
Please check...	*Veuillez vérifier...*	*Bitte überprüfen Sie...*	*Por favor revise...*	*Por favor verifique...*
My car...	*Ma voiture...*	*Mein Wagen...*	*Mi coche...*	*O meu carro...*
...has broken down.	*...est en panne.*	*...hat eine Panne.*	*...se ha averiado.*	*...avariou.*
...has run out of petrol.	*...n'a plus d'essence.*	*...hat kein Benzin mehr.*	*...se ha quedado sin gasolina.*	*...ficou sem gasolina.*
...is...kms from here.	*...se trouve à...km d'ici.*	*...ist...km von hier entfernt.*	*...está a...km de aqui.*	*Está a...km daqui.*
Can you...?	*Pouvez-vous...?*	*Würden Sie...*	*¿Podría...?*	*Pode...?*
...tow the car to a garage.	*...remorquer la voiture à un garage.*	*...das Auto zu einer Werkstatt abschleppen?*	*...remolcar el coche a un garaje.*	*...rebocar o carro para uma garagem.*
...repair the car.	*...réparer la voiture.*	*...das Auto reparieren?*	*...reparar el coche.*	*...arranjar o carro.*

Garages et Pannes/Werkstätten und Pannendienst/Garajes y averías/Garagens e Desempanagens

Italiano	Nederlands	Dansk	Svenska	Srpskohrvatski
refrigeratore.	koelbox.	køleboks.	kylbox.	hladnjak
lampadina.	gloeilamp.	(elektrisk) pære.	glödlampa.	sijalica/žarulja.
fusibile.	zekering.	sikring.	propp.	osigurač.
lavandino.	gootsteen.	vask.	vask.	slivnik.
gancio di traino.	trekhaak.	trækkrog.	bogserkrok.	vučna poluga.

MOTOCICLI/BICICLETTI — MOTORFIETSEN/FIETSEN — MOTORCYKLER/CYKLER — MOTORCYKEL OCH CYKEL — MOTOCIKL/BICIKL

Italiano	Nederlands	Dansk	Svenska	Srpskohrvatski
telaio.	frame.	stel.	ram.	ram.
forcella anteriore.	voorvork.	forgaffel.	framgaffel.	prednja viljuška.
cerchione.	velg.	fælg.	hjulband.	ram točka/kotača.
raggio.	spaak.	ege.	hjuleker.	žica točka/kotača.
mozzo.	naaf.	hjulnav.	axel.	glavčina.
parafango.	spatbord.	skærm.	stänkskärm.	blatobran.
puleggia per catena.	kettingwiel.	tandhjul.	kedjehjul.	zupčanik.
catena.	ketting.	kæde.	kedja.	lanac.
sella.	zadel.	sadel.	sadel.	sedlo.
manubrio.	stuur.	styr.	styre.	upravljač.
cambio di velocita.	versnellingskabel.	gearkabel.	växel.	menjač brzina.
levetta del cambio.	versnellingshandle.	gearskifter.	växelstång.	ručica menjača.
catarifrangento.	reflector.	reflektor.	reflexer.	mačje oko, reflektujuče svetlo.
portabagagli.	bagagedrager.	cykeltaske.	bagageräcke.	nosač prtljaga.
borsa laterale.	zadeltas.	sadeltaske.	sidväska.	bisage, torbe uz sedište.
borsetta degli attrezzi.	gereedschapstas.	værktøjsudstyr.	verktygsväska.	torba s alatom.
(consultate anche le rubriche; automobile, motore, pag. 52)	*(zie ook onder "Auto-onderdelen" blz 52)*	*(se også Bilkomponenter side 52)*	*(se också "Reservdelar" sid 52)*	*(vidi takodje "Delovi Kola" str 52)*

AUTORIMESSE E RIPARAZIONI — GARAGES EN HULP BIJ PECH — VÆRKSTEDER OG MOTORSTOP — VERKSTÄDER OCH MOTORSTOPP — RADIONICE I KVAROVI

Italiano	Nederlands	Dansk	Svenska	Srpskohrvatski
Verifichi, per cortesia...	*Wilt u alstublieft...nakijken.*	*Check venligst...*	*Var snäll kolla...*	*Molim vas proverite...*
La mia automobile...	*Mijn auto...*	*Min bil er...*	*Min bil...*	*Moja kola su...*
...é guasta.	*...heeft motorpech*	*...brudt sammen.*	*...är sönder*	*...u kvaru.*
...è rimasta senza benzina.	*...heeft geen benzine meer.*	*...løbet tør for benzin.*	*...har slut på bensin.*	*...ostala bez benzina.*
...è a...km da qui.	*...staat...km hier vandaan.*	*...står...km herfra.*	*...står...km härifrån.*	*... ...kilometara odavde.*
Potete...?	*Kunt u...?*	*Kan De...?*	*Kan ni...?*	*Možete li...*
...rimorchiare l'automobile in un garage?	*...de auto naar een garage slepen?*	*...slæbe bilen til et værksted.*	*...bogsera min bil till en verkstad.*	*...da mi odvučete kola do radionice?*
...riparare l'automobile?	*...de auto repareren?*	*...reparere min bil.*	*...reparera bilèn.*	*...da mi popravite kola?*

Autorimesse e Riparazioni/Garages en Hulp bij pech/Værksteder og Motorstop/Verkstäder och Motorstopp/Radionice i Kvarovi

GARAGES AND BREAKDOWNS

English	Français	Deutsch	Español	Português
Can your club provide free breakdown service?	Votre club peut-il me dépanner sans frais?	Leistet Ihr Club kostenlose Pannenhilfe?	¿Puede su Club facilitar servicio gratuito de asistencia?	O seu club fornece servico de desempanagem gratuito?
When will it be ready?	Pour quand sera-t-elle prête?	Wann wird der Wagen fertig sein?	¿Cuándo estará listo?	Quando é que está pronto?
How much will it cost?	Quel sera le coût de la réparation?	Was wird die Reparatur kosten?	¿Cuánto costará?	Quanto vai custar?
Something is wrong with...	Quelque chose ne va pas à...	Irgend etwas ist nicht in Ordnung mit...	Algo va mal con/Algo pasa en...	passa-se qualquer coisa com...
My car won't start.	Ma voiture ne démarre pas.	Mein Wagen springt nicht an.	Mi coche no arranca.	o meu carro não pega.
Please adjust...	Veuillez régler...	Bitte stellen Sie...ein.	Por favor, ajuste...	Por favor ajuste...
The fuses have blown.	Les fusibles sont fondus.	Die Sicherungen sind durchgebrannt.	Los fusibles se han estropeados/fundidos.	Os fusíveis fundiram-se.
My windscreen has broken.	Mon pare-brise est cassé.	Die Windschutzscheibe ist kaputt.	Mi parabrisas se ha roto.	O meu para-brisas partiu-se.
I have a puncture.	J'ai une crevaison.	Ich habe eine Reifenpanne.	Tengo un pinchazo.	tenho um furo.
Please top up the...	Veuillez remplir...	Bitte füllen Sie den...auf.	Por favor llene el...	Queira fazer o favor de atestar...
Please wash...	Veuillez laver...	Bitte waschen Sie...	Por favor lave...	por favor lave...
May I have the bill?	Puis-je avoir la facture?	Darf ich um die Rechnung bitten?	¿Puede darme la factura?	A conta por favor?
I don't have sufficient cash.	Je n'ai pas assez de liquide.	Ich habe nicht genügend Bargeld.	No tengo suficiente dinero.	Não tenho dinheiro que chegue.
Will you accept...?	Acceptez-vous...?	Akzeptieren Sie...?	¿Aceptaria...?	Aceitam...
...AIT Letters of Credit.	...les lettres de crédit AIT.	...AIT-Kreditbriefe	...las Cartas de Crédito AIT	...cartas de crédito AIT?
...a cheque/a credit card.	...un chèque/une carte de crédit.	...einen Scheck/eine Kreditkarte.	...un cheque/una tarjeta de crédito.	um cheque/um cartão de crédito.
You will be repaid by your country's club.	Le remboursement sera fait par le club automobile de votre pays.	Die Rückvergütung erfolgt durch den Automobilclub Ihres Landes.	El reembolso se efectuará por medio del automobile club de su país.	Você será reembolsado através do Automóvel Club de seu país.
I should like to hire a car.	Je voudrais louer une voiture.	Ich möchte einen Wagen mieten.	Quisiera alquilar un coche.	Eu gostaria de alugar um carro.
...with/without a driver.	...avec/sans chauffeur.	...mit/ohne Fahrer.	...con/sin conductor.	...com/sem motorista.
petrol can.	jerrican.	Benzinkanister.	bidón de gasolina.	bidão de gasolina.
grease.	lubrifiant.	Schmierstoff.	grasa.	massa consistente.
oil leak.	une fuite d'huile.	Ölleck.	pérdida de aceite.	fuga de óleo.
water leak.	une fuite d'eau.	Wasserleck.	pérdida de agua.	fuga de água.
battery.	batterie.	Batterie.	batería.	bateria.
anti freeze.	antigel.	Frostschutzmittel.	anticongelante.	anti-congelante.
tyre pressure.	pression des pneus.	Reifendruck.	presión de las ruedas.	pressão dos pneus.

Garages et Pannes/Werkstätten und Pannendienst/Garajes y averías/Garagens e Desempanagens

Italiano	Nederlands	Dansk	Svenska	Srpskohrvatski
Il suo Automobile Club può assistermi gratuitamente?	Verstrekt uw club gratis hulp bij pech?	Kan Deres klub yde gratis vejhjælp?	Kan jag få gratis bilbärgning med er klubb?	Da li vaš klub pruža besplatnu pomoć u slučaju kvara?
Quando sarà pronta?	Wanneer is hij klaar?	Hvornår vil den være klar?	När blir den färdig?	Kada će biti gotovo?
Quanto costerà la riparazione?	Hœveel gaat dat kosten?	Hvor meget vil det koste?	Hur mycket kostar det?	Koliko će koštati?
Qualcosa non va...	Er is iets mis met...	Der er noget galt med...	Det är något fel på...	Nešto nije u redu sa...
La mia automobile non si mette in moto.	Mijn auto wil niet starten.	Min bil vil ikke starte.	Min bil startar inte.	Moja kola ne mogu da upale.
Mi regoli, per cortesia...	Wilt u alstublieft...bijstellen	Juster venligst...	Var snäll kontrollera...	Molim vas doterajte/ podesite...
I fusibili sono saltati.	De zekeringen zijn doorgeslagen.	Sikringerne er gået.	Säkringarna har gått.	Osigurači su pregoreli.
Il tergicristallo è guasto.	Mijn vooruit is gebroken.	Min forrude er knaldet.	Min vindruta har gått sönder.	Vetrobransko staklo mi je razbijeno.
Ho forato una gomma.	Ik heb een lekke band.	Jeg er punkteret.	Jag har punktering.	Guma mi je pukla.
Mi riempia, per cortesia...	Wilt u alstublieft de...bijvullen.	Fyld venligst...på.	Var snäll fyll...	Molim vas napunite...
Mi lavi, per cortesia...	Wilt u alstublieft...wassen.	Vask venligst...	Var snäll tvätta...	Molim vas operite...
Vorrei la fattura.	Mag ik de rekening?	Må jeg få regningen?	Kan jag få räkningen?	Molim vas račun?
Non ho abbastanza moneta.	Ik heb niet genoeg geld bij me.	Jeg har ikke nok rede penge.	Vi har inte tillräckligt med kontanter.	Nemam dovoljno novca u gotovom.
Accetta...?	Accepteert u...	Accepterer De...?	Kan ni acceptera...?	Da li prihvatate...
...le lettere di credito AIT?	...de kredietbrieven van de AIT.	...AIT kreditbreve.	...AIT kreditbrev.	...kreditna pisma AIT?
...un assegno/una carta di credito.	...een cheque/credit card.	...en check/et kreditkort.	...en check/ett kreditkort.	...ček/kreditnu karticu?
Il rimborso sarà effettuato dall'Automobile Club del suo Paese.	Het bedrag zal u worden uitbetaald door de club van uw eigen land.	De vil få beløbet refunderet af Deres egen klub.	Ni får betalning genom ert lands motorklubb.	Platiće vam auto klub vaše zemlje.
Vorrei noleggiare un'automobile.	Ik wil graag een auto huren.	Jeg vil gerne leje en bil.	Jag vill hyra en bil.	Želeo bih da iznajmim kola.
con/senza autista.	met/zonder chauffeur.	med/uden fører.	med/utan chaufför.	sa vozačem/bez vozača.
latta di benzina.	een jerrycan.	en benzindunk.	bensindunk.	kanta za benzin.
grasso.	vet.	fedt/smørelse.	fett, smörjmedel.	mazivo.
perdita d'olio.	olielekkage.	olielæk.	oljeläcka.	curi ulje.
perdita d'acqua.	waterlekkage.	vandlæk.	vattenläcka.	curi voda.
batteria.	accu.	batteri.	batteri.	akumulator.
antigelo.	antivries.	frostvæske/kølervæske.	glykol.	antifriz.
pressiono degli pneumatici.	bandspanning.	dæktryk.	ringtryck.	pritisak u gumama.

Autorimesse e Riparazioni/Garages en Hulp bij pech/Værksteder og motorstop/Verkstäder och Motorstopp/Radionice i Kvarovi

CAR COMPONENTS

English
CAR COMPONENTS

Each component is numbered and the numbers on the illustration refer to the components listed in the text.

Français
LES ELEMENTS AUTOMOBILES

Chaque pièce d'automobile est numérotée et les numéros indiqués sur les illustrations se rapportent aux pièces énumérées dans le texte.

Deutsch
BAUTEILE DES AUTOS

Jedes Teil ist numeriert, und die Nummern bei den Illustrationen beziehen sich auf die im Text aufgeführten Teile.

Español
PIEZAS DE AUTOMOVIL

Cada pieza está numerada y los números en las ilustraciones se refieren a las piezas según la lista en el texto.

Português
COMPONENTES PARA AUTOMÓVEIS

Cada componente está numerado e os números nas ilustrações referem-se aos componentes indicados no texto.

#	Engine	Moteur	Motor	Motor	Motor
1	thermostat housing.	carter de thermostat.	Thermostatgehäuse.	caja del termóstato.	tampa superior do termostato.
2	gasket.	joint.	Dichtung.	junta.	junta.
3	hose.	durite.	Schlauch.	tubo flexible.	tubo.
4	oil seal.	bague d'étanchéité.	Wellendichtung.	tapón del aceite.	vedante da cambota.
5	timing cover.	carter de distribution.	Kettengehäuse.	tapa de balancines.	tampa da distribuição.
6	gasket.	joint.	Dichtung.	junta.	junta.
7	pulley.	poulie.	Riemenscheibe.	polea.	polia.
8	lock washer.	arrêtoir.	Sicherungsblech.	retén de tuerca.	anilha de segurança.
9	bolt.	boulon.	Schraube.	tornillo.	parafuso.
10	engine mounting.	tampon.	Gummiblock.	soporte del motor.	apoio do motor.
11	breather pipe.	reniflard.	Entlüftungsrohr.	tapa de respiradero.	respirador do carter.
12	oil dipstick.	jauge d'huile.	Ölpeilstab.	varilla indicadora del nivel de aceite.	vareta do nível de óleo.
13	flywheel housing.	carter de volant.	Schwungradgehäuse.	cárter del volante.	caixa da embraiagem.
14	high tension cable.	cable d'allumage.	Zündkabel.	cable de alta tensión.	cabo condutor.
15	oil pressure switch.	pression d'huile.	Öldruckschalter.	indicador de presión de aceite.	interruptor indicador da pressão do óleo.
16	water drain cock.	robinet de vidange d'eau.	Kühlwasserablaß.	llave de vaciado de agua.	torneira de drenagem.
17	oil filter.	filtre d'huile.	Ölfilter.	filtro de aceite.	filtro de óleo.
18	fan belt.	courroie de ventilateur.	Ventilatorriemen.	correa del ventilador.	correia da ventoinha.
19	dynamo pulley.	poulie de dynamo.	Riemenscheibe für Lichtmaschine.	polea de la dinamo.	polia do dínamo.
20	water pump pulley.	poulie de commande de pompe à eau.	Riemenscheibe für Wasserpumpe.	polea de la bomba del agua.	polia da bomba de água.
21	fan.	ventilateur.	Ventilator.	ventilador.	ventoinha.
22	thermostat.	thermostat.	Thermostat.	termóstato.	termostato.

Les Elements Automobiles/Bauteile des Autos/Piezas de automóvil/Componentes para Automóveis

CAR COMPONENTS 53

Italiano NOMENCLATURE DELL' AUTOMOBILE	Nederlands AUTO-ONDERDELEN	Dansk BILKOMPONENTER	Svenska BILKOMPONENTER	Srpskohrvatski DELOVI KOLA
Ogni componente è numerato e i numeri nelle illustrazioni indicano i componenti elencati nel testo.	*Ieder component is genummerd. De nummers bij de afbeeldingen verwijzen naar de tekstnummers.*	*Hver del er nummeret og tallene på illustrationerne henviser til de dele, der er opført på listen i teksten.*	*Varje del är numrerad med samma nummer i listan och på bilden.*	*Svaki dio označen je brojem a brojevi na slikama odgovaraju brojevima niže navedenih dijelova.*
Motore	**Motor**	**Motor**	**Motor**	**Motor**
1 coperchio termostato.	1 thermostaathuis.	1 termostathus.	1 termostathus.	1 kućište termostata.
2 guarnizione.	2 pakking.	2 pakning.	2 packning.	2 zaptivka/brtvilo.
3 manicotto in gomma.	3 slang.	3 slange.	3 slang.	3 crevo.
4 guarnizione paraolio.	4 olieafdichtring.	4 olietætningsring.	4 oljetätning.	4 zaptivka za ulje/brtvilo za ulje.
5 calotta spinterogeno.	5 distributiedeksel.	5 fordæksel.	5 transmissionskåpa.	5 poklopac razvodnika.
6 guarnizione.	6 verbindingsstuk.	6 pakning.	6 packning.	6 zaptivka/brtvilo.
7 puleggia.	7 poelie.	7 remskive.	7 remskiva.	7 remenica ventilatora.
8 rondella di sicurezza.	8 veerring.	8 låsekive.	8 låsbricka.	8 elastična podloška.
9 bullone.	9 bout.	9 skrue.	9 bult.	9 zavrtanj.
10 supporto motore.	10 motorbevestiging.	10 motorophæng.	10 motorfäste.	10 elastični nosač motora.
11 sfiatatoio.	11 ventilatieslang.	11 ånderør.	11 vevhusventilator.	11 odušna cev.
12 astina controllo livello olio.	12 oliepeilstok.	12 oliepind.	12 oljemäststicka.	12 šipka za merenje ulja.
13 coppa coprivolano.	13 vliegwielhuis.	13 svinghjulshus.	13 balanshjulskåpa.	13 kućište zamajca/ zamašnjaka.
14 cavo accensione.	14 bougiekabel.	14 tændrørsledning.	14 tändkabel.	14 visokonaponski provodnik za svećicu.
15 valvola contatto pressione olio.	15 oliedrukschakelaar.	15 olietrykskontakt.	15 oljetryckskontakt.	15 prekidač manometra za ulje.
16 rubinetto scarico radiatore.	16 aftapkraan.	16 aftapningshane.	16 avtappningskran.	16 ispusna slavina hladnjaka.
17 filtro dell'olio.	17 oliefilter.	17 olie filter.	17 oljerenarhus.	17 prečistač ulja.
18 cinghietta ventilatore.	18 V-snaar.	18 ventilatorrem.	18 fläktrem.	18 remen ventilatora.
19 puleggia dinamo.	19 dynamopoelie.	19 remskive, dynamo.	19 remskiva, generator.	19 remenica dinama.
20 puleggia pompa dell'acqua.	20 waterpomppoelie.	20 remskive, vandpumpe.	20 remskiva, vattenpump.	20 remenica pumpe za vodu.
21 ventilatore.	21 ventilator.	21 ventilator.	21 fläkt.	21 ventilator.
22 termostato.	22 thermostaat.	22 termostat.	22 termostat.	22 termostat.

Nomenclature dell' Automobile/Auto-onderdelen/Bilkomponenter/Bilkomponenter/Delovi Kola

English	Français	Deutsch	Español	Português
23 crankshaft sprocket.	**23** pignon à chaine de vilebrequin.	**23** Kurbelwellenkettenrad.	**23** piñón del cigueñal.	**23** carreto de distribuição da cambota.
24 nut.	**24** écrou.	**24** Mutter.	**24** tuerca.	**24** porca.
25 lockwasher.	**25** arrêtoir.	**25** Sicherungsscheibe.	**25** retén de tuerca.	**25** anilha/freio da porca.
26 camshaft chain.	**26** chaîne de distribution.	**26** Steuerkette.	**26** cadena del árbol de levas.	**26** corrente do veio de excêntricos.
27 camshaft belt.	**27** courroie d'arbre à cames.	**27** Nockenwellenzahnriemen.	**27** correa del árbol de levas.	**27** correia do veio de excêntricos.
28 camshaft sprocket.	**28** pignon à chaîne d'arbre à cames.	**28** Nockenwellenkettenrad.	**28** piñón del árbol de levas.	**28** roda dentada do veio de excêntricos.
29 camshaft gear.	**29** pignon de distribution.	**29** Nockenwellenrad.	**29** engranaje del árbol de levas.	**29** carreto do veio de excêntricos.
30 piston.	**30** piston.	**30** Kolben.	**30** pistón.	**30** pistão.
31 gudgeon pin.	**31** axe de piston.	**31** Kolbenbolzen.	**31** eje del pistón.	**31** cavilha do pistão.
32 circlip, retaining pin.	**32** bague d'arrêt d'axe.	**32** Sicherungsring.	**32** clip.	**32** freio da cavilha do pistão.
33 compression ring.	**33** segment d'étanchéité.	**33** Kolbenring.	**33** segmento de compresión.	**33** segmentos de compressão.
34 scraper ring.	**34** segment racleur.	**34** Ölabstreifring.	**34** segmento del rascador.	**34** segmentos do óleo de lubrificação.
35 connecting rod and cap.	**35** bielle avec chapeau.	**35** Pleuel mit Pleuelschale.	**35** biela y tapeta.	**35** biela.
36 small end bush.	**36** bague de pied de bielle.	**36** Kolbenbolzenbüchse.	**36** casquillo de biela.	**36** pé de biela.
37 bolt and nut.	**37** boulon et écrou.	**37** Schraube und Mutter.	**37** perno y tuerca.	**37** parafuso com porca.
38 connecting rod bearing.	**38** coussinet de bielle.	**38** Pleuellager.	**38** cojinete de biela.	**38** capas da biela.
39 crankshaft.	**39** vilebrequin.	**39** Kurbelwelle.	**39** cigueñal.	**39** cambota.
40 bolt.	**40** boulon.	**40** Schraube.	**40** perno.	**40** parafuso.
41 flywheel.	**41** volant.	**41** Schwungrad.	**41** volante.	**41** volante do motor.
42 flywheel ring gear.	**42** couronne de lancement.	**42** Schwungrad mit Anlasserzahnkranz.	**42** corona dentada del volante.	**42** cremalheira do volante.
43 bushing.	**43** bague de culbuteur.	**43** Lagerbuchse.	**43** casquillo.	**43** casquilho.
44 retainer.	**44** cage.	**44** Sicherungsblech.	**44** retén.	**44** retentor.
45 crankshaft bearing.	**45** coussinet de palier.	**45** Kurbelwellenlager.	**45** cojinete del cigueñal.	**45** apoio da cambota.
46 thrust bearing.	**46** roulement de butée.	**46** Drucklager.	**46** cojinete axial/cojinete de empuje.	**46** mancal de pressão.
47 bolt.	**47** boulon.	**47** Schraube.	**47** perno.	**47** parafuso.
48 lock washer.	**48** arrêtoir.	**48** Sicherungsscheibe.	**48** retén de tuerca.	**48** freio do parafuso.
49 crankshaft bearing cap.	**49** chapeau de palier de vilebrequin.	**49** Kurbelwellenlagerdeckel.	**49** tapa de cojinete del cigueñal.	**49** moente de apoio da cambota.
50 inlet valve.	**50** soupape d'admission.	**50** Ventil, Einlaß.	**50** válvula de admisión.	**50** válvula de admissão.
51 exhaust valve.	**51** soupape d'échappement.	**51** Ventil, Auspuff.	**51** válvula de escape.	**51** válvula de escape.

Moteur/Motor/Motor/Motor

Italiano	Nederlands	Dansk	Svenska	Srpskohrvatski
23 ingranaggio distribuzione sull'albero motore.	23 krukastandwiel.	23 kædehjul på krumtapaksel.	23 vevaxeldrev.	23 zupčanik radilice.
24 dado.	24 moer.	24 møtrik.	24 mutter.	24 matica.
25 rondella di sicurezza.	25 veerring.	25 låseskive.	25 låsbricka.	25 podloška.
26 catena dell'albero a camme.	26 nokkenasketting.	26 knastakselkæde.	26 kamaxelkedja.	26 lanac bregaste osovine.
27 cintura dell'albero a camme.	27 nokkenasriem.	27 knastakselrem.	27 kamaxelrem.	27 kaiš bregaste osovine.
28 pignone dentato albero a camme.	28 nokkenastandwiel.	28 knastakselkædehjul.	28 kamaxeldrev.	28 zubac bregaste osovine.
29 ingranaggio sull'albero a camme.	29 nokkenastandwiel.	29 knastakselhjul.	29 kamaxeldrev.	29 zupčanik bregaste osovine.
30 pistone.	30 zuiger.	30 stempel.	30 kolv.	30 klip.
31 spinotto del pistone.	31 zuigerpen.	31 stempelpind.	31 kolvbult.	31 osovinica klipa.
32 anello elastico di ritegno.	32 borgveer.	32 låsering/låsestift.	32 låsring.	32 osigurač osovinice klipa.
33 anello elastico (segmento).	33 zuigerveer.	33 stempelring.	33 kompressionsring.	33 kompresioni prsten.
34 anello raschiaolio.	34 olieschraapring.	34 oliering.	34 oljeskrapring.	34 prsten strugač.
35 biella.	35 drijfstang en drijfstangkop.	35 plejlstang mod overfald.	35 vevstake med överfall.	35 klipnjača i poklopac.
36 boccola del piede di biella.	36 zuigerpenbus.	36 bøsning, stempelpind.	36 kolvbultbussning.	36 čaura male pesnice klipnjače.
37 bullone e dado.	37 bout en moer.	37 bolt og møtrik.	37 bult med mutter.	37 zavrtanj s maticom.
38 cuscinetto di biella.	38 drijfstanglager.	38 plejlstangsleje.	38 vevstakslager.	38 ležište klipnjače.
39 albero motore.	39 krukas.	39 krumtapaksel.	39 vevaxel.	39 radilica, kolenasto vratilo.
40 bullone.	40 bout.	40 skrue.	40 bult.	40 zavrtanj.
41 volano.	41 vliegwiel.	41 svinghjul.	41 svänghjul.	41 zamajac/zamašnjak.
42 corona dentata del volano.	42 starterkrans.	42 startkrans.	42 startkrans.	42 nazubljena kruna zamajca/zamašnjaka.
43 boccola.	43 bus.	43 bøsning.	43 bussning.	43 čaura klackalice.
44 fermo.	44 borgplaat.	44 låseskive.	44 hållare.	44 držač.
45 cuscinetto dell'albero motore.	45 krukaslager.	45 hovedleje.	45 ramlager.	45 ležište radilice.
46 cuscinetto reggispinta.	46 druklager.	46 trykleje.	46 axiallager.	46 ležište visokog pritiska.
47 bullone.	47 bout.	47 skrue.	47 bult.	47 klin.
48 rondella di sicurezza.	48 veerring.	48 låseskive.	48 låsbricka.	48 podloška.
49 copri cuscinetto dell'albero motore.	49 krukaslagerkap.	49 hovedlejeoverfald.	49 ramlageröverfall.	49 poklopac ležišta radilice.
50 valvola d'aspirazione.	50 inlaatklep.	50 indsugningsventil.	50 ventil, insug.	50 usisni ventil.
51 valvola di scarico.	51 uitlaatklep.	51 udstødsventil.	51 ventil, avgas.	51 izduvni ventil.

Motore/Motor/Motor/Motor/Motor

ENGINE

English	Français	Deutsch	Español	Português
52 valve guide.	52 guide de soupape.	52 Ventilführung.	52 guía de válvula.	52 guias da valvula.
53 valve spring.	53 ressort de soupape.	53 Ventilfeder.	53 resorte de válvula.	53 mola da válvula.
54 valve spring cup.	54 calotte de ressort.	54 Ventilfederteller.	54 tapa de resorte de válvula.	54 sede da mola da válvula.
55 split collet.	55 bague d'appui.	55 Ventilkeil.	55 pasador.	55 meias luas de fixação das sedes.
56 rocker.	56 culbuteur.	56 Kipphebel.	56 balancín.	56 balanceiro.
57 bushing.	57 bague de culbuteur.	57 Lagerbuchse.	57 casquillo.	57 casquilho do balanceiro.
58 adjuster screw.	58 vis de réglage.	58 Einstellschraube.	58 tornillo de ajuste.	58 afinador da folga do balanceiro.
59 lock nut.	59 contre-écrou.	59 Kontermutter.	59 contratuerca.	59 porca de fixação.
60 rocker shaft.	60 axe du culbuteurs.	60 Kipphebelwelle.	60 árbol de balancines.	60 veio do eixo do balanceiro.
61 spring.	61 ressort.	61 Feder.	61 muelle.	61 mola.
62 plug (camshaft).	62 bouchon (arbre à cames).	62 Stopfen (Nockenwelle).	62 tapón (árbol de levas).	62 tampão (veio de excêntricos).
63 support.	63 base.	63 Lagerbock.	63 soporte.	63 apoio.
64 push rod.	64 tige de culbuteur.	64 Stössel.	64 empujador.	64 haste do comando das válvulas.
65 valve tappet.	65 poussoir de soupape.	65 Stösseltasse.	65 empujador de valvulas.	65 tuchos/impulsores.
66 camshaft.	66 arbre à cames.	66 Nockenwelle.	66 árbol de levas.	66 veio de excêntricos.
67 bearing front, camshaft.	67 bague avant de palier d'arbre à cames.	67 vordere Nockenwellenlagerhülse.	67 cojinete delantero del árbol de levas.	67 casquilho dianteiro do apoio do veio de excêntricos.
68 bearing centre, camshaft.	68 bague centrale de palier d'arbre à cames.	68 mittlere Nockenwellenlagerhülse.	68 cojinete central del árbol de levas.	68 casquilho central do apoio do veio de excêntricos.
69 bearing rear, camshaft.	69 bague arrière de palier d'arbre à cames.	69 hintere Nockenwellenlagerhülse.	69 cojinete trasero del árbol de levas.	69 casquilho traseiro do apoio do veio de excêntricos.
70 key.	70 clavette.	70 Keil.	70 llave.	70 cunha.
71 engine gasket set.	71 jeu de joints moteur.	71 Motordichtungssatz.	71 juego de juntas del motor.	71 jogo de juntas do motor.
72 air filter.	72 filtre à air.	72 Luftfilter.	72 filtro del aire.	72 filtro de ar.
73 gasket.	73 joint.	73 Dichtung.	73 junta.	73 junta.
74 manifold, induction & exhaust.	74 collecteur d'admission et d'échappement.	74 Krümmer.	74 colector de admisión y escape.	74 colectores de admissão do escape.
75 gasket, induction & exhaust.	75 joint de collecteurs.	75 Dichtung für Auspuffkrümmer.	75 junta del colector (admisión y escape).	75 junta dos colectores.
76 oil filler cap.	76 volet d'aération.	76 Öleinfüllstutzen.	76 tapa de respiradero.	76 tampão para o enchimento do óleo.
77 valve cover.	77 cache culbuteur.	77 Ventilkappe.	77 tapa de válvula.	77 tampa de válvulas.
78 gasket, valve cover.	78 joint de cache culbuteur.	78 Ventildeckeldichtung.	78 junta.	78 junta de tampa de válvulas.
79 cylinder head.	79 culasse.	79 Zylinderkopf.	79 culata.	79 cabeça do motor.
80 cylinder head gasket.	80 joint de culasse.	80 Zylinderkopfdichtung.	80 junta de culata.	80 junta de cabeça do motor.

Moteur/Motor/Motor/Motor

Italiano	Nederlands	Dansk	Svenska	Srpskohrvatski
52 guida valvola.	**52** klepgeleider.	**52** ventilstyr.	**52** ventilstyrning.	**52** vodjica ventila.
53 molla valvola.	**53** klepveer.	**53** ventilfjeder.	**53** ventilfjäder.	**53** opruga ventila.
54 scodellino per molla valvola.	**54** klepveerschotel.	**54** trykskive.	**54** ventilbricka.	**54** tanjirić opruge ventila.
55 coppiglia.	**55** klepspieën.	**55** fjederlås.	**55** ventillås.	**55** zatvarač ventila.
56 bilanciere.	**56** tuimelaar.	**56** vippearm.	**56** vipparm.	**56** klackalica.
57 boccola.	**57** bus.	**57** bøsning.	**57** bussning.	**57** čaura klackalice.
58 vite di registrazione.	**58** stelschroef.	**58** justeringsskrue.	**58** justerskruv.	**58** zavrtanj za podešavanje.
59 dado di fermo.	**59** borgmoer.	**59** låsemøtrik.	**59** låsmutter.	**59** matica za stezanje.
60 albero dei bilancieri.	**60** tuimelaaras.	**60** vippearmsaksel.	**60** vipparmsaxel.	**60** osovina klackalice.
61 molla.	**61** veer.	**61** fjeder.	**61** fjäder.	**61** opruga.
62 tappo (albero a camme).	**62** plug (nokkenas).	**62** prop (knastaksel).	**62** plugg (kamaxel).	**62** čep (bregaste osovine).
63 supporto.	**63** steun.	**63** akselkonsol.	**63** lagerbock.	**63** podupirač.
64 asta di comando della punteria.	**64** stoterstang.	**64** stødstang.	**64** stötstång.	**64** šipka podizača.
65 punteria.	**65** klepstoter.	**65** ventilløfter.	**65** ventillyftare.	**65** podizač ventila.
66 albero a camme.	**66** nokkenas.	**66** knastaksel.	**66** kamaxel.	**66** bregasta osovina.
67 cuscinetto anteriore albero a camme.	**67** nokkenaslager, voor.	**67** knakselleje, forreste.	**67** kamaxelbussning, främre.	**67** prednje ležište bregaste osovine.
68 cuscinetto centrale albero a camme.	**68** nokkenaslager, midden.	**68** knakselleje, midterste.	**68** kamaxelbussning, mittre.	**68** srednje ležište bregaste osovine.
69 cuscinetto posteriore albero a camme.	**69** nokkenaslager, achter.	**69** knakselleje, bageste.	**69** kamaxelbussning, bakre.	**69** zadnje ležište bregaste osovine.
70 anello conico di ritegno.	**70** sleutel.	**70** not.	**70** kil.	**70** klin.
71 serie di guarnizioni per motore.	**71** motorpakkingen.	**71** motorpakningssæt.	**71** motorpackningssats.	**71** komplet zaptivk/brtvilo za motor.
72 filtro aria.	**72** luchtfilter.	**72** luftfilter.	**72** luftrenare.	**72** prečistač vazduha.
73 guarnizione.	**73** pakking.	**73** pakning.	**73** packning.	**73** zaptivka/brtvilo.
74 collettore d'aspirazione/di scarico.	**74** spruitstuk.	**74** manifold, indsugning og udstød.	**74** grenrör.	**74** izduvna grana.
75 guarnizione per collettore d'aspirazione/di scarico.	**75** spruitstukpakking.	**75** manifoldpakning.	**75** grenrörspackning.	**75** zaptivka/brtvilo izduvne grane.
76 coperchio sfiatatoio.	**76** olievuldop.	**76** oliepåfyldningsdæksel.	**76** oljepåfyllningslock.	**76** poklopac za punjenje ulja.
77 coperchio punterie.	**77** klepdeksel.	**77** ventildæksel.	**77** ventilkåpa.	**77** poklopac ventila.
78 guarnizione per coperchio punterie.	**78** pakking, klepdeksel.	**78** ventildækselpakning.	**78** ventilkåpspackning.	**78** zaptivka/brtvilo poklopca ventila.
79 testata.	**79** cylinderkop.	**79** topstykke.	**79** cylinderlock.	**79** glava cilindra.
80 guarnizione testata.	**80** cylinderkoppakking.	**80** toppakning.	**80** cylinderlockspackning.	**80** zaptivka/brtvilo glave cilindra.

English	Français	Deutsch	Español	Português
81 cylinder block.	81 bloc-cylindres.	81 Zylinderblock.	81 bloque de cilindros.	81 bloco de cilindros.
82 inspection cover.	82 porte de visite.	82 Schauloch.	82 tapa de inspección.	82 tampa dos tuchos.
83 gasket.	83 joint.	83 Dichtung.	83 junta.	83 junta.
84 water pump.	84 pompe à eau.	84 Wasserpumpe.	84 bomba de agua.	84 bomba de água.
85 radiator.	85 radiateur.	85 Kühler.	85 radiador.	85 radiador.
86 filler cap.	86 bouchon de radiateur.	86 Einfüllverschluß.	86 tapón de llenado.	86 tampa de pressão do radiador.
87 radiator hose, top.	87 durite, supérieure.	87 oberer Kühlerschlauch.	87 manguito del radiador, superior.	87 tubo superior do radiador.
88 radiator hose, bottom.	88 durite, inférieure.	88 unterer Kühlerschlauch.	88 manguito del radiador, inferior.	88 tubo inferior do radiador.
89 heater.	89 chauffage.	89 Heizung.	89 calentador.	89 acquecedor.
90 heater hose.	90 durite de chauffage.	90 Heizungsschlauch.	90 tubo del calentador.	90 tubo do aquecedor.
91 electric fan.	91 ventilateur avec moteur.	91 Lüfter mit Motor.	91 ventilador eléctrico.	91 ventoinha eléctrica.
92 expansion tank.	92 vase d'expansion.	92 Ausgleichbehälter.	92 tanque de expansión.	92 tanque de expansão.
93 oil sump gasket.	93 joint de carter inférieur.	93 Ölwannendichtung.	93 junta del cárter.	93 junta, carter inferior.
94 oil pump.	94 pompe à huile.	94 Ölpumpe.	94 bomba de aceite.	94 bomba de óleo.
95 oil sump.	95 carter inférieur.	95 Ölwanne.	95 cárter inferior.	95 carter inferior.
96 oil filter case.	96 corps de filtre à huile.	96 Ölfiltergehäuse.	96 alojamiento del filtro de aceite.	96 vaso do elemento do filtro de óleo.
97 oil filter (element).	97 filtre à huile.	97 Ölfiltereinsatz.	97 filtro de aceite.	97 elemento do filtro de óleo.
98 oil relief valve cap.	98 bouchon de clapet de décharge d'huile.	98 Verschlußschraube.	98 tapón de la válvula de descarga del aceita.	98 parafuso regulador da válvula da pressão de óleo.
99 oil relief valve spring.	99 ressort de soupape de décharge.	99 Regulierfeder.	99 muelle de la válvula de descarga del aceita.	99 mola de válvula reguladora da pressão do óleo.
100 oil relief valve plunger.	100 soupape de décharge.	100 Ölreduzierkolben.	100 percuto de la válvula de descarga del aceita.	100 válvula reguladora da pressão do óleo.

Fuel system	Système d'alimentation	Kraftstofförderung	Sistema de gasolina	Sistema de combustível
101 fuel pump.	101 pompe à essence.	101 Kraftstoffpumpe.	101 bomba de gasolina.	101 bomba de alimentação de combustível.
102 gasket.	102 joint.	102 Dichtung.	102 junta.	102 junta.
103 lift pump.	103 pompe d'alimentation.	103 Förderpumpe.	103 bomba elevadora.	103 bomba de alimentação.
104 injection pump.	104 pompe d'injection.	104 Einspritzpumpe.	104 bomba de inyección.	104 bomba injectora.
105 filter.	105 filtre.	105 Filter.	105 filtro.	105 filtro.
106 glow plug.	106 bougie de préchauffage.	106 Glühkerze.	106 bujía incandescente.	106 vela de incandescência.
107 injector.	107 injecteur.	107 Einspritzdüse.	107 inyector.	107 injector.
108 reservoir.	108 réservoir.	108 Behälter.	108 depósito.	108 reservatório.
109 fuel pipe.	109 canalisation de carburant.	109 Kraftstoffleitung.	109 tubo de combustible.	109 tubo da bomba de alimentação.

Système d'alimentation/Kraftstofförderung/Sistema de gasolina/Sistema de combustivel

Italiano	Nederlands	Dansk	Svenska	Srpskohrvatski
81 blocco cilindri.	81 cylinderblok.	81 cylinderblok.	81 motorblock.	81 blok cilindra.
82 coperchio ispezione.	82 inspectieluikje.	82 inspektionsdæksel.	82 inspektionslock.	82 kontrolni poklopac.
83 guarnizione.	83 pakking.	83 pakning.	83 packning.	83 zaptivka/brtvilo.
84 pompa dell'acqua.	84 waterpomp.	84 vandpumpe.	84 vattenpump.	84 pumpa za vodu.
85 radiatore.	85 radiator.	85 køler.	85 kylare.	85 hladnjak.
86 tappo radiatore.	86 vuldop.	86 kølerdæksel.	86 påfyllningslock.	86 čep hladnjaka.
87 raccordo superiore del radiatore.	87 bovenste radiatorslang.	87 kølerslange, øverste.	87 kylarslang, övre.	87 crevo hladnjaka, gornje.
88 raccordo inferiore del radiatore.	88 onderste radiatorslang.	88 kølerslange, nederste.	88 kylarslang, undre.	88 crevo hladnjaka, donje.
89 riscaldatore.	89 verwarming.	89 varmeapparat.	89 värmepaket.	89 grejač.
90 tubo del riscaldatore.	90 verwarmingsslang.	90 slange til varmeapparat.	90 värmarslang.	90 cev grejača.
91 ventilatore elettrico.	91 electrische ventilator.	91 elektrisk ventilator.	91 el-fläkt.	91 električni ventilator.
92 vaso di espansione.	92 expansietank.	92 ekspansionsbeholder.	92 expansionskärl.	92 ekspanzioni sud.
93 guarnizione per coppa olio.	93 carterpakking.	93 bundkarpakning.	93 oljetrågspackning.	93 zaptivač korita motora.
94 pompa dell'olio.	94 oliepomp.	94 oliepumpe.	94 oljepump.	94 pumpa za ulje.
95 coppa dell'olio.	95 carter.	95 bundkar.	95 oljetråg.	95 korito motora.
96 filtro olio a cartuccia.	96 oliefilterhuis.	96 oliefilterhus.	96 oljefilterhus.	96 kućište prečistača ulja.
97 cartuccia filtro olio.	97 oliefilter.	97 oliefilter (element).	97 oljefilter.	97 prečistač ulja.
98 coperchio valvola sicurezza olio.	98 dop oliedrukontlastklep.	98 reduktionsventilprop.	98 plugg, oljetryck-reducering.	98 zatvarač pomoćnog uljnog ventila.
99 molla per valvola sicurezza olio.	99 veer oliedrukontlastklep.	99 fjeder, olietryksventil.	99 tryckreduceringsfjäder.	99 opruga za redukciju ulja.
100 pistoncino valvola sicurezza olio.	100 plunjer oliedrukontlastklep.	100 stempel, olietryksventil.	100 tryckreduceringskolv.	100 klip za redukciju ulja, gnjurač.
Alimentazione	**Brandstofsysteem**	**Brændstofsystem**	**Bränslesystem**	**Uredjaj za napajanje gorivom**
101 pompa carburante.	101 brandstofpomp.	101 brændstofpumpe.	101 bränslepump.	101 pumpa za benzin.
102 guarnizione.	102 pakking.	102 pakning.	102 packning.	102 zaptivač/brtvilo.
103 pompa a spostamento diretto.	103 opvoerpomp.	103 sugepumpe.	103 bränslepump.	103 usisna pumpa.
104 pompa d'iniezione.	104 inspuitpomp.	104 indsprøjtningspumpe.	104 insprutningspump.	104 pumpa za ubrizgavanje.
105 filtro.	105 filter.	105 filter.	105 filter.	105 filter.
106 candela ad incandescenza.	106 gloeipatroon.	106 startgløderør.	106 glödstift.	106 plamena svećica.
107 iniettore.	107 verstuiver.	107 injektordyse.	107 insprutare.	107 ubrizgač.
108 serbatoio.	108 reservoir.	108 reservoir.	108 behållare.	108 rezervoar.
109 tubo carburante.	109 brandstofleiding.	109 brændstofrør.	109 bränsleledning.	109 cev za dovod goriva.

Alimentazione/Brandstofsysteem/Brændstofsystem/Bränslesystem/Uredjaj za napajanje gorivom

EXHAUST/CARBURETTOR/IGNITION

English

110 fuel (guage) tank unit.

111 fuel tank.
112 tank filler cap.

Exhaust system

113 exhaust pipe, front.

114 silencer.
115 exhaust pipe, rear.

Carburettor
116 carburettor.
117 needle valve.
118 float.
119 main jet.

120 piston.
121 spring.
122 suction chamber.
123 body
124 needle.
125 float chamber.

Ignition system
126 distributor.
127 distributor cap.

128 rotor arm.
129 set of contact points.

130 condenser.
131 ignition coil.
132 spark plug.
133 ignition switch.
134 ignition key.
135 battery.

Français

110 jauge de réservoir.

111 réservoir de carburant.
112 bouchon de réservoir.

Tuyauterie d'échappement

113 tuyau d'échappement.

114 pot d'échappement.
115 tuyau d'échappement arrière.

Carburateur
116 carburateur.
117 pointeau.
118 flotteur.
119 gicleur d'alimentation

120 piston.
121 ressort.
122 chambre d'aspiration.
123 corps.
124 pointeau.
125 cuve à niveau constant.

Système d'allumage
126 allumeur.
127 couvercle de distributeur.

128 rotor de distributeur.
129 jeu de contacts.

130 condensateur.
131 bobine d'allumage.
132 bougie.
133 contacteur d'allumage.
134 clé de contact.
135 batterie.

Deutsch

110 Anzeiger für Kraftstoffbehälter.
111 Kraftstoffbehälter.
112 Tankdeckel.

Auspuffsystem

113 vorderes Auspuffrohr.

114 Auspufftopf.
115 hinteres Auspuffrohr.

Vergaser
116 Vergaser.
117 Nadelventil.
118 Schwimmer.
119 Hauptdüse.

120 Kolben.
121 Feder.
122 Saugkammer.
123 Gehäuse.
124 Nadel.
125 Schwimmerkammer.

Zündanlage
126 Verteiler.
127 Verteilerkappe.

128 Verteilerfinger.
129 Unterbrecherkontakte.

130 Kondensator.
131 Zündspule.
132 Zündkerze.
133 Zündungsschloß.
134 Zündschlüssel.
135 Batterie.

Español

110 aforador de combustible.

111 tanque de combustible.
112 tapón del llenado de gasolina.

Sistema de escape

113 tubo de escape, delantero.

114 silenciador.
115 tubo de escape, posterior.

Carburador
116 carburador.
117 válvula de aguja.
118 flotador.
119 surtidor principal/inyector.

120 pistón.
121 muelle.
122 cámara de aspiración.
123 cuerpo (del carburador).
124 aguja.
125 cuba del flotador.

Sistema de encendido
126 distribuidor.
127 tapa del distribuidor.

128 brazo del rotor.
129 juego de contactos de distribuidor.

130 condensador.
131 bobina de encendido.
132 bujía.
133 interruptor de encendido.
134 llave de encendido.
135 batería.

Português

110 unidade medidora do nível do depósito.
111 depósito de combustível.
112 tampa do depósito de combustível.

Sistema de escape

113 tubo de escape, anterior.

114 silenciador.
115 tubo de escape, posterior.

Carburador
116 carburador.
117 válvula da agulha.
118 flutuador.
119 jacto pulverizador.

120 êmbolo.
121 mola.
122 campânula.
123 corpo.
124 agulha.
125 cuba de nivel constante.

Sistema de ignição
126 distribuidor.
127 tampa do distribuidor.

128 rotor.
129 platinados.

130 condensador.
131 bobine de ignição.
132 vela de ignição.
133 interruptor de ignição.
134 chave de ignição.
135 bateria.

Echappement, Carburateur, Allumage/Auspuff, Vergaser, Zündanlage/Escape, Carburador, Encendido/Escape, Carburador, Ignição

aliano	Nederlands	Dansk	Svenska	Srpskohrvatski
10 indicatore livello carburante.	**110** tankelement.	**110** brændstoffilter (tank).	**110** bränslegivare.	**110** merač goriva u rezervoaru.
11 serbatoio carburante.	**111** brandstoftank.	**111** brændstoftank.	**111** bränsletank.	**111** rezervoar za gorivo.
12 tappo del serbatoio carburante.	**112** vuldop brandstoftank.	**112** påfyldningsdæksel.	**112** tanklock.	**112** poklopac rezervoara za gorivo.

carico	Uitlaatsysteem	Udstødssystem	Avgassystem	Uredjaj za izduvne gasove
13 tubo di scarico anteriore.	**113** voorste gedeelte uitlaatpijp.	**113** udstødningsrør, forreste.	**113** avgasrör, främre.	**113** izduvna cev, prednja.
14 marmitta di scarico.	**114** geluiddemper.	**114** lyddæmper.	**114** ljuddämpare.	**114** prigušivač, izduvni lonac.
15 tubo di scarico posteriore.	**115** achterste gedeelte uitlaatpijp.	**115** udstødningsrør, bageste.	**115** avgasrör, bakre.	**115** izduvna cev, zadnja.

arburatore	Carburator	Karburator	Förgasare	Karburator
16 carburatore.	**116** carburator. *pakking ?*	**116** karburator.	**116** förgasare.	**116** karburator.
17 valvola a spillo.	**117** vlotternaald.	**117** nåleventil.	**117** nålventil.	**117** igličasti ventil.
18 galleggiante.	**118** vlotter.	**118** svømmer.	**118** flottör.	**118** plovak.
19 getto del massimo.	**119** hoofdsproeier.	**119** hoveddyse.	**119** huvudmunstycke.	**119** glavna mlaznica.
20 pistoncino.	**120** zuiger.	**120** stempel.	**120** kolv.	**120** klip.
21 molla.	**121** veer.	**121** fjeder.	**121** fjäder.	**121** opruga.
22 vaschetta d'aspirazione.	**122** zuigkamer.	**122** klokke.	**122** sugkammare.	**122** usisna komora.
23 corpo (del carburatore).	**123** carburatorhuis.	**123** karburatorhus.	**123** förgasarhus.	**123** telo karburatora.
24 ago.	**124** naald.	**124** nål.	**124** nål.	**124** igla.
25 vaschetta del carburatore.	**125** vlotterkamer.	**125** svømmerhus.	**125** flottörhus.	**125** komora plovka.

ccensione	Ontstekingssysteem	Tændningssystem	Tändsystem	Uredjaj za paljehje
26 spinterogeno.	**126** verdeler.	**126** strømfordeler.	**126** fördelare.	**126** razvodnik.
27 calotta spinterogeno.	**127** verdelerkap.	**127** strømfordelerdæksel.	**127** fördelarlock.	**127** poklopac razvodnika.
28 spazzola rotante.	**128** rotor.	**128** strømfordelerrotor.	**128** fördelarrotor.	**128** razvodna ruka.
29 serie di puntine platinate.	**129** onderbrekerpuntjes.	**129** platiner.	**129** brytarpets.	**129** komplet prekidača razvodnika.
30 condensatore.	**130** condensator.	**130** kondensator.	**130** kondensator.	**130** kondenzator.
31 bobina d'accensione.	**131** bobine.	**131** tændspole.	**131** tändspole.	**131** indukcioni kalem, bobina.
32 candela.	**132** bougie.	**132** tændrør.	**132** tändstift.	**132** svećica.
33 interruttore d'accensione.	**133** contactslot.	**133** tændingslås.	**133** tändningslås.	**133** prekidač.
34 chiave d'accensione.	**134** contactsleutel.	**134** tændingsnøgle.	**134** tändningsnyckel.	**134** kontakt ključ.
35 batteria.	**135** accu.	**135** batteri.	**135** batteri.	**135** akumulator.

Scarico, Carburatore, Accensione/Uitlaat, Carburator, Ontsteking/Udstød, Carburator, tænding/Avgas, Förgasare, Tändsystem/Uredjaj za izduvne gasove, Karburator, Uredjaj za paljehje

English	Français	Deutsch	Español	Português
Starter motor	**Démarreur**	**Anlasser**	**Motor de arranque**	**Motor de arranque**
136 starter motor.	**136** démarreur.	**136** Anlasser.	**136** motor de arranque.	**136** motor de arranque.
137 solenoid switch.	**137** solénoïde.	**137** Magnetschalter.	**137** interruptor solenoide.	**137** bobine de chamada.
138 spring.	**138** ressort.	**138** Feder.	**138** resorte.	**138** mola.
139 starter gear.	**139** engrenage de démarrage.	**139** Anlasserritzel.	**139** engranaje de arranque.	**139** carreto Bendix.
Dynamo/Alternator	**Dynamo/Alternateur**	**Lichtmaschine**	**Dínamo/Alternador**	**Dínamo/Alternador**
140 dynamo.	**140** dynamo.	**140** Lichtmaschine.	**140** dinamo.	**140** dinamo.
141 control box.	**141** régulateur de charge.	**141** Regler.	**141** placa de diodos ("reglación").	**141** regulador.
142 alternator.	**142** alternateur.	**142** Drehstromlichtmaschine.	**142** alternador.	**142** alternador.
Transmission	**Transmission**	**Kraftübertragung**	**Transmisión**	**Transmissão**
143 clutch.	**143** mécanisme d'embrayage.	**143** Kupplung.	**143** embrague.	**143** embraiagem.
144 clutch disc.	**144** disque d'embrayage.	**144** Kupplungsscheibe.	**144** disco del embrague.	**144** disco da embraiagem.
145 clutch release bearing.	**145** butée de débrayage.	**145** Kupplungsausrücklager.	**145** cojinete de empuje del embrague.	**145** rolamento da embraiagem.
146 pressure plate.	**146** plateau de pression.	**146** Kupplungsdruckplatte.	**146** plato de presión.	**146** placa de pressão.
147 clutch release lever.	**147** fourchette de débrayage.	**147** Ausrückgabel.	**147** palanca de desembrague.	**147** forquilha da embraiagem.
148 clutch master cylinder.	**148** maître-cylindre d'embrayage.	**148** Geberzylinder.	**148** cilindro maestro de la bomba de embrague.	**148** cilindro da bomba principal.
149 pressure hose.	**149** tuyau de pression.	**149** Druckschlauch.	**149** canalización de presión.	**149** tubo transmissor da pressão.
150 clutch slave cylinder.	**150** servo-débrayage.	**150** Nehmerzylinder.	**150** cilindro secundario de la bomba de embrague.	**150** cilindro receptor.
151 clutch cable.	**151** cable de commande d'embrayage.	**151** Kupplungsseilzug.	**151** cable del embrague.	**151** cabo da embraiagem.
152 push rod.	**152** tige de poussée.	**152** Druckstange.	**152** biela de empuje.	**152** haste impulsora do êmbolo.
153 primary gears.	**153** pignons primaires.	**153** Primärgetriebe.	**153** cambios primarios.	**153** carretos primários.
154 gearbox.	**154** boîte de vitesse.	**154** Wechselgetriebe.	**154** caja de cambios.	**154** caixa de velocidades.
155 input shaft.	**155** arbre primaire.	**155** Antriebsritzel.	**155** piñon del eje primario.	**155** veio primário.
156 ball bearing.	**156** roulement à billes.	**156** Kugellager.	**156** cojinete.	**156** rolamento de apoio.
157 gearbox casing.	**157** carter de boîte de vitesses.	**157** Getriebegehäuse.	**157** caja de velocidades.	**157** corpo da caixa de velocidades.
158 synchronizing cone.	**158** anneau de synchronisation.	**158** Synchronring.	**158** cono de sincronización.	**158** anel do sincronizador.
159 synchronizing hub, 3rd and 4th.	**159** moyeu de synchronisation, 3ème et 4ème.	**159** Synchronnabe, 3. u. 4. Gang.	**159** mazo de sincronización completo de 3a. y 4a..	**159** sincronizador da 3ª e 4ª velocidades.

Demarreur, Dynamo, Transmission/Anlasser, Lichtmaschine, Kraftübertragung/
Arranque, Dinamo, Transmisión/Arranque, Dinamo, Transmissão

Italiano	Nederlands	Dansk	Svenska	Srpskohrvatski
Motorino d'avviamento	**Startmotor**	**Startmotor**	**Startmotor**	**Pokretač motora, starter**
136 motorino d'avviamento.	136 startmotor.	136 startmotor.	136 startmotor.	136 pokretač, starter.
137 interruttore elettromagnetico.	137 startrelais.	137 solenoidkontakt.	137 solenoid.	137 elektromagnetni prekidač, solenoid.
138 molla.	138 veer.	138 fjeder.	138 fjäder.	138 opruga.
139 innesto motorino.	139 starterrondsel.	139 starterdrev.	139 startdrev.	139 zupčanik pokretača.
Dinamo/Alternatore	**Dynamo**	**Dynamo/Generator**	**Generator**	**Dinamo, alternator**
140 dinamo.	140 dynamo.	140 dynamo.	140 generator.	140 dinamo.
141 gruppo regolazione carica.	141 spanningsregelaar/ diodenbrug.	141 kontrolboks.	141 laddningsregulator.	141 regulator punjenja.
142 alternatore.	142 wisselstroomdynamo.	142 vekselstrømsgenerator.	142 växelströmsgenerator.	142 alternator.
Trasmissione	**Transmissie**	**Transmission**	**Kraftöverföring**	**Transmisija**
143 frizione.	143 koppeling.	143 kobling.	143 koppling.	143 spojnica, kvačilo.
144 disco frizione.	144 koppelingsplaat.	144 koblingsplade.	144 lamellskiva.	144 prenosna ploča, lamela kvačila.
145 cuscinetto reggispinta frizione.	145 druklager.	145 udrykkerleje.	145 urkopplingslager.	145 potisno ležište spojnice.
146 piastra reggispinta.	146 drukplaat.	146 trykplade.	146 tryckplatta.	146 potisna ploča.
147 leva a forcella comando frizione.	147 ontkoppelingsvork.	147 udrykkergaffel.	147 urkopplingsgaffel.	147 isključna viljuška spojnice.
148 comando idraulico frizione.	148 hoofdcylinder voor ontkoppeling.	148 hovedcylinder for kobling.	148 huvudcylinder, koppling.	148 pumpa kvačila.
149 tubo a pressione.	149 drukslang.	149 trykslange.	149 tryckslang.	149 crevo.
150 frizione servo-assistita.	150 hulpontkoppelings- cylinder.	150 slavecylinder.	150 manövercylinder, koppling.	150 servo cilindar spojnice.
151 cavo frizione.	151 koppelingskabel.	151 koblingskabel.	151 kopplingswire.	151 kabl kvačila.
152 perno di pressione.	152 drukstang.	152 trykstang.	152 tryckstång.	152 poluga.
153 ingranaggi primari.	153 primair drijfwerk.	153 primære gear.	153 primärdrev.	153 primarni zupčani prenos.
154 scatola del cambio.	154 versnellingsbak.	154 gearkasse.	154 växellåda.	154 menjač.
155 albero primario.	155 ingaande as.	155 indgangsaksel.	155 ingående axel.	155 spojnička osovina.
156 cuscinetto a sfere.	156 kogellager.	156 kugleleje.	156 kullager.	156 kuglični ležaj.
157 corpo scatola del cambio.	157 versnellingskast.	157 gearkassehus.	157 växellådshus.	157 kučište mjenjača.
158 anello sincronizzatore.	158 synchroniseringsring.	158 synkroniseringsring.	158 synkroniseringsring.	158 prsten-sinhron.
159 sincronizzatore per 3a e 4a.	159 synchroniseringsnaaf, 3e en 4e.	159 synkronnav 3.-4.	159 synkroniseringsnav 3an och 4an.	159 sinhronizatorska glavčina, 3. i 4. stepen prenosa.

Avviamento, Dinamo,Trasmissione/Startmotor, Dynamo, Transmissie/Startmotor, dynamo, transmission/Startmotor, Generator, Kraftöverföring/Starter, Dinamo, Transmisija

TRANSMISSION

English	Français	Deutsch	Español	Português
160 synchronizing cone.	160 anneau de synchronisation.	160 Synchronring.	160 cono de sincronización.	160 anel do sincronizador.
161 gear 3rd.	161 pignon de 3ème.	161 Gang 3. Zahnrad.	161 engranaje de 3^a velocidad.	161 carreto da 3a velocidade.
162 gear 2nd.	162 pignon de 2ème.	162 Gang 2. Zahnrad.	162 engranaje de 2ª velocidad.	162 carreto da 2a velocidade.
163 synchronizing cone.	163 anneau de synchronisation.	163 Synchronring.	163 cono de sincronización.	163 anel do sincronizador.
164 gear, 1st and reverse.	164 pignon de 1ère et de marche arrière.	164 Erstes Gangrad und Rückwärtsgangrad.	164 engranaje de primera velocidad y de marcha atrás.	164 carreto da primeira velocidade e marcha atrás.
165 lock ring.	165 jonc d'arrêt.	165 Sicherungsring.	165 anillo de seguridad.	165 anel de vedação.
166 ball bearing.	166 roulement à billes.	166 Kugellager.	166 cojinete.	166 rolamento.
167 speedometer gear.	167 pignon de tachymètre.	167 Tachometerantrieb.	167 piñón de velocimetro.	167 carreto do velocímetro e conta-quilómetros.
168 main shaft.	168 arbre secondaire.	168 Hauptantriebswelle.	168 eje primario.	168 veio secundário
169 cover.	169 couvercle.	169 Deckel.	169 tapa.	169 tampa de inspecção.
170 oil seal.	170 bague d'étanchéité.	170 Wellendichtung.	170 junta de aceite.	170 vedante.
171 speedometer drive.	171 vis de tachymètre.	171 Tachometerantrieb.	171 piñón de velocimetro.	171 pinhão da bicha do velocímetro.
172 counter shaft (layshaft).	172 arbre intermédiare.	172 Vorgelegewelle.	172 eje intermedio.	172 veio intermediário.
173 gasket.	173 joint.	173 Dichtung.	173 junta.	173 junta.
174 thrust washer.	174 rondelle butée.	174 Druckscheibe.	174 arandela de empuje.	174 rolamento de agulhas.
175 counter shaft gear (layshaft gear).	175 pignon d'arbre intermédiare.	175 Vorgelegewellenrad.	175 piñon del eje intermedio.	175 carreto principal do veio de transmissão.
176 oil drain plug.	176 bouchon de vidange.	176 Ablaßschraube.	176 tapón de vaciado de aceite.	176 bujão de drenagem.
177 gaiter.	177 couvercle.	177 Deckel.	177 tapa.	177 resguardo em fole da alavanca de mudanças.
178 propeller shaft.	178 arbre de transmission.	178 Antriebswelle.	178 árbol de transmisión.	178 veio de transmissão.
179 flange.	179 bride d'entraînement.	179 Mitnehmer.	179 impulsor.	179 flange.
180 universal joint.	180 cardan de roue.	180 Kardangelenk.	180 junta de cardán.	180 cruzeta do cardan.
181 propeller shaft, forward.	181 arbre de transmission avant.	181 vordere Antriebswelle.	181 árbol de transmisión, delantero.	181 veio de transmissão anterior.
182 ball bearing.	182 roulement à billes.	182 Kugellager.	182 cojinete de bolas.	182 rolamento.
183 centre bearing.	183 palier d'appui central.	183 Stützlager.	183 cojinete central.	183 apoio central.
184 propeller shaft, rear.	184 arbre de transmission arrière.	184 hintere Antriebswelle.	184 árbol de transmisión, trasero.	184 veio de transmissão posterior.
185 differential.	185 différentiel.	185 Differential.	185 diferencial.	185 diferencial.
186 rear axle casing.	186 corps de pont arrière.	186 Hinterachsgehäuse.	186 caja del eje trasero.	186 caixa do eixo traseiro.
187 differential housing.	187 boîtier de différentiel.	187 Ausgleichsgehäuse.	187 caja del diferencial.	187 meia-concha do diferencial.
188 shaft pin.	188 fusée.	188 Ausgleichskegelradachse.	188 pivote.	188 veio de satélites.
189 lock pin.	189 clavette.	189 Sicherungsstift.	189 clavija de cierre.	189 anilha de satélites.

Transmission/Kraftübertragung/Transmissión/Transmissão

taliano	Nederlands	Dansk	Svenska	Srpskohrvatski
160 anello sincronizzatore.	160 synchroniseringsring.	160 synkroniseringsring.	160 synkroniseringsring.	160 prsten-sinhron.
161 ingranaggio 3a.	161 tandwiel 3e.	161 3. gearhjul.	161 kugghjul 3an.	161 zupčanik 3. stepena.
162 ingranaggio 2a.	162 tandwiel 2e.	162 2. gearhjul.	162 kugghjul 2an.	162 zupčanik 2. stepena.
163 anello sincronizzatore.	163 synchroniseringsring.	163 synkroniseringsring.	163 synkroniseringsring.	163 prsten-sinhron.
164 ingranaggio 1a e retromarcia.	164 tandwiel 1 e en achterruit.	164 1. og bakgearhjul.	164 kugghjul, 1 an och backen.	164 zupčanik za prvi stepen prenosa i hod unazad.
165 anello di sicurezza.	165 borgring.	165 låsering.	165 låsring.	165 prsten.
166 cuscinetto a sfere.	166 kogellager.	166 kugleleje.	166 kullager.	166 kuglični ležaj.
167 ingranaggio conduttore contachilometri.	167 snelheidsmeter tandwiel.	167 speedometerdrev.	167 hastighetsmätardrev.	167 zupčanik brzinometra.
168 albero principale.	168 hoofdas.	168 hovedaksel.	168 huvudaxel.	168 glavna osovina.
169 coperchio.	169 deksel.	169 dæksel.	169 lock.	169 poklopac.
170 guarnizione.	170 olieafdichtingsring.	170 olietætningsring.	170 oljetätning.	170 zaptivni uljni prsten.
171 ingranaggio contachilometri.	171 snelheidsmeter tandwiel.	171 speedometerdrev.	171 hastighetsmätardrev.	171 zupčanik brzinometra.
172 albero secondario.	172 tussenas.	172 mellemaksel.	172 mellanaxel.	172 prenosna osovina menjača.
173 guarnizione.	173 pakking.	173 pakning.	173 packning.	173 zaptivač/brtvilo.
174 anello ritegno.	174 drukring.	174 trykskive.	174 tryckbrica.	174 podmetač.
175 ingranaggio albero secondario.	175 tussenas tandwiel.	175 mellemaksel.	175 mellanaxeldrev.	175 zupčanik prenosne osovine.
176 tappo di scarico dell'olio.	176 aftapplug.	176 aftapningsprop.	176 avtappningsplugg.	176 čep za ispuštanje ulja.
177 coperchio.	177 deksel.	177 manchet.	177 manschett.	177 poklopac.
178 albero di trasmissione.	178 cardanas.	178 kardanaksel.	178 kardanaxel.	178 kardanska osovina.
179 manicotto.	179 flens.	179 flange.	179 medbringare.	179 viljuška kardanskog zgloba.
180 giunto articolato.	180 cardankoppeling.	180 kardanled.	180 knut.	180 univerzalni zglob.
181 albero di trasmissione, trazione anteriore.	181 cardanas, voorste.	181 kardanaksel, forreste.	181 kardanaxel, främre.	181 prednja kardanska osovina.
182 cuscinetto a sfere.	182 kogellager.	182 kugleleje.	182 kullager.	182 kuglični ležaj.
183 supporto centrale.	183 steunlager.	183 mellemleje.	183 stödlager.	183 nosač.
184 albero di trasmissione, trazione posteriore.	184 cardanas, achterste.	184 kardanaksel, bageste.	184 kardanaxel, bakre.	184 zadnja kardanska osovina.
185 differenziale.	185 differentieel.	185 differentiale.	185 differentialen.	185 diferencijal.
186 scatola ponte posteriore.	186 achterbrug.	186 bagakselhus.	186 bakaxelkåpa.	186 obloga zadnjeg mosta.
187 scatola differenziale.	187 differentieelhuis.	187 differentialehus.	187 differentialhus.	187 korpa diferencijala.
188 tappo per albero.	188 tap.	188 akseltap.	188 axeltapp.	188 zavrtanj osovine.
189 coppiglia spaccata.	189 borgpen.	189 låsestift.	189 låspinne.	189 zatvarač.

Trasmissione/Transmissie/Transmission/Kraftöverföring/Prenosni uredjaj, transmisija

English	Français	Deutsch	Español	Português
190 pinion gear.	190 pignon satellite.	190 Ausgleichskegelrad.	190 piñón satélite.	190 satélite.
191 differential bearing.	191 roulement de boîter de différentiel.	191 Kugellager, Differential.	191 cojinete de diferencial.	191 rolamento do diferencial.
192 rear axle shaft.	192 arbre de roue.	192 Antriebswelle.	192 eje trasero.	192 semi-eixo.
193 side gear.	193 pignon satellite.	193 Hinterachswellenrad.	193 planetario, engranaje.	193 planetário.
194 housing.	194 carter.	194 Gehäuse.	194 cárter.	194 ponte do diferencial.
195 crown wheel and pinion.	195 couple conique.	195 Tellerrad, Antriebs-. kegelrad.	195 piñon y corona.	195 grupo cónico.
196 pinion bearing.	196 roulement du pignon d'attaque.	196 Kugellager.	196 cojinete del piñón de ataque.	196 rolamento do pinhão de ataque.
197 oil seal.	197 joint d'étanchéité.	197 Wellenabdichtung.	197 junta de aceite.	197 vedante.
198 oil seal.	198 joint d'étanchéité.	198 Wellenabdichtung.	198 junta de aceite.	198 vedante.
199 roller bearing, rear hub.	199 roulement à rouleaux conique du moyeu arrière.	199 Rollenlager für Radnabe.	199 cojinete de rodillos, cubo trasero.	199 rolamento de rolos, cubo traseiro.
200 oil seal.	200 joint d'étanchéité.	200 Wellenabdichtung.	200 junta de aceite.	200 vedante.
201 hub, rear wheel.	201 moyeu arrière.	201 Hinterradnabe.	201 cubo, rueda trasera.	201 cubo da roda traseira.

Rear suspension	**Articulation de train arrière**	**Hinterachsaufhängung**	**Suspensión Trasera**	**Suspensão traseira**
202 rear axle.	202 pont arrière.	202 Hinterachse.	202 puente trasero.	202 ponte do eixo traseiro.
203 shock absorber, rear.	203 amortisseur arrière.	203 hinterer Stoßdämpfer.	203 amortiguador trasero.	203 amortecedor, traseiro.
204 rubber bushing.	204 coussinet en caoutchouc.	204 Gummibuchse.	204 topes de goma de presión.	204 fixação do amortecedor.
205 spring.	205 ressort de suspension arrière.	205 Feder.	205 muelle.	205 mola helicoidal.
206 suspension arm.	206 bras de suspension.	206 Tragarm.	206 brazo de suspensión.	206 braço de suspensão.
207 torque strut.	207 barre de torsion.	207 Schubstrebe.	207 barra de torsión.	207 braço de torsão.
208 spring shackle.	208 jumelle de ressort.	208 Federlasche.	208 soporte del muelle.	208 brinco da mola.
209 leaf spring.	209 ressort à lames.	209 Blattfeder.	209 hoja de ballesta.	209 mola de lâminas.
210 drive shaft.	210 arbre de commande.	210 Antriebswelle.	210 árbol de transmisión.	210 semi-eixo.
211 universal joint.	211 cardan de roue.	211 Antriebsgelenk, innen.	211 junta de cardán.	211 junção do cardan.
212 universal joint.	212 cardan de roue.	212 Antriebsgelenk, außen.	212 junta de cardán.	212 junção do cardan.

Tyres	**Pneus**	**Reifen**	**Neumáticos**	**Pneus**
213 inner tube.	213 chambre à air.	213 Schlauch.	213 camara de aire.	213 câmara de ar.
214 valve.	214 valve.	214 Ventil.	214 válvula.	214 válvula.
puncture.	crevaison.	Reifenpanne.	pinchazo.	furo.
radial tyre.	pneu à structure radiale.	Gürtelreifen.	neumático radial.	pneu radial.
cross-ply tyre.	pneu à structure diagonale.	Diagonalreifen.	neumático diagonal.	pneu com capas cruzadas.

Articulation de train arrière, Pneus/Hinterachsaufhängung, Reifen/Suspensión Trasera, Neumáticos/Suspensão traseira, Pneus

Italiano	Nederlands	Dansk	Svenska	Srpskohrvatski
190 corona differenziale.	190 differentieeltandwiel.	190 drabanthjul.	190 differentialhjul.	190 zupčanik diferencijala, trkač.
191 cuscinetto differenziale.	191 differentieellager.	191 differentialeleje.	191 differentiallager.	191 ležaj diferencijala.
192 semiasse.	192 drijfas.	192 bagaksel.	192 drivaxel.	192 poluosovina.
193 corona differenziale.	193 differentieeltandwiel.	193 differentialhjul.	193 differentialhjul.	193 zupčanik diferencijala.
194 scatola.	194 huis.	194 hus.	194 hus.	194 kućište.
195 corona e pignone.	195 kroonwiel en pignon.	195 kronhjul og spidshjul.	195 kronhjul och pinjong.	195 tanjirasti i glavčasti zupčanik.
196 cuscinetto pignone.	196 pignon lager.	196 spidshjulsleje.	196 pinjonglager.	196 ležaj glavčastog zupčanika.
197 anello tenuta olio.	197 olieafdichtingsring.	197 olietætningsring.	197 oljetätning.	197 zaptivni uljni prsten.
198 anello tenuta olio.	198 olieafdichtingsring.	198 olietætningsring.	198 oljetätning.	198 zaptivni uljni prsten.
199 cuscinetto a rulli, mozzo posteriore.	199 rollager, achternaaf.	199 rulleleje, bagnav.	199 rullager, baknav.	199 ležaj, zadnja glavčina.
200 anello tenuta olio.	200 olieafdichtingsring.	200 olietætningsring.	200 oljetätning.	200 zaptivni uljni prsten.
201 mozzo, ruota posteriore.	201 naaf achterwiel.	201 baghjulsnav.	201 nav, bakhjul.	201 glavčina zadnjeg točka/kotača.

Sospensione posteriore	Achterasophanging	Baghjulsophæng	Bakaxelupphängning	Zadnje vešanje/Stražnji ovjes
202 ponte posteriore.	202 achteras.	202 bagtøj.	202 bakaxel.	202 zadnja osovina.
203 ammortizzatore posteriore.	203 achterste schokbreker.	203 støddæmper, bageste.	203 stötdämpare, bakre.	203 amortizer, zadnji.
204 paracolpi in gomma.	204 rubber bus.	204 gummibøsning.	204 gummibussning.	204 gumena zaptivka.
205 mollone.	205 veer.	205 bagfjeder.	205 bakfjäder.	205 zadnja opruga.
206 braccio della sospensione.	206 draagarm.	206 støttearm.	206 bärarm.	206 nosač.
207 barra di torsione.	207 reactiestang.	207 momentarm.	207 momentstag.	207 prenosna poluga.
208 biscottino.	208 veerschommel.	208 fjederlaske.	208 fjäderhänke.	208 karika opruge.
209 balestra.	209 bladveer.	209 bladfjeder.	209 bladfjäder.	209 lisnati gibanj.
210 albero principale.	210 drijfas.	210 drivaksel.	210 drivaxel.	210 pogonska osovina.
211 giunto articolato.	211 cardankoppeling.	211 kardanled.	211 knut.	211 elastični zglob.
212 giunto cardanico.	212 cardankoppeling.	212 kardanled.	212 knut.	212 elastični zglob.

Pneumatici	Banden	Dæk	Däck	Gume
213 camera d'aria.	213 binnenband.	213 slange.	213 innerslang.	213 unutrašnja guma.
214 valvola.	214 ventiel.	214 ventil.	214 ventil.	214 ventil.
foratura.	lekke band.	punktering.	punktering.	probušena guma.
copertone radiale.	radiaalband.	radialdæk.	radialdäck.	radijalna guma.
copertone diagonale (tipo cross).	diagonaalband.	diagonaldæk.	diagonaldäck.	dijagonalna guma.

Sospensione posteriore, Pneumatici/Achterasophanging, Banden/Baghjulsophæng, dæk/Bakaxelupphängning, Däck/Zadnje vešanje/Stražnji ovjes, Gume

FRONT SUSPENSION/STEERING

English	Français	Deutsch	Español	Português
snow chains.	chaînes de neige.	Schneeketten.	cadenas para la nieve.	correntes para neve.
Front wheel suspension	**Suspension de roues avant**	**Vorderradaufhängung**	**Suspensión de las ruedas delanteras**	**Suspensão da frente**
215 mounting, upper.	215 palier d'appui, supérieur.	215 Federbeinlager, oben.	215 chumacera superior.	215 apoio superior do amortecedor.
216 piston rod.	216 tige de piston.	216 Kolbenstange.	216 eje vástago de embolo.	216 eixo do êmbolo.
217 piston rod seal.	217 joint de la tige du piston.	217 Kolbenstangendichtung.	217 retén del vástago.	217 vedante.
218 shock absorber tube.	218 tube d'amortisseur.	218 Stoßdämpferrohr.	218 cuerpo del amortiguador.	218 cilindro do amortecedor.
219 check valve.	219 soupape de retenue.	219 Drosselventil.	219 válvula de descarga.	219 válvula de retenção.
220 ball joint.	220 rotule.	220 Tragegelenk.	220 rótula.	220 rótula de junção.
221 control arm lower.	221 tirant de roue.	221 Schubstrebe, untere.	221 brazo inferior.	221 braço oscilante de reacção.
222 anti-roll bar.	222 barre de stabilisateur.	222 Stabilisator.	222 barra estabilizadora.	222 barra estabilizadora.
223 spindle.	223 axe.	223 Achse.	223 mangueta.	223 eixo.
224 shock absorber, front.	224 amortisseur avant.	224 vorderer Stoßdämpfer.	224 amortiguador delantero.	224 amortecedor da frente.
225 rubber bushing.	225 coussinet en caoutchouc.	225 Gummibuchse.	225 tope de goma.	225 buche de borracha.
226 suspension arm, upper.	226 bras de suspension supérieur.	226 oberer Dreieckslenker.	226 brazo superior de suspensión.	226 braço superior de suspensão.
227 ball-joint, upper.	227 rotule supérieure.	227 Tragegelenk.	227 rótula superior.	227 rótula de junção superior.
228 front suspension cross member.	228 traverse d'essieu.	228 Vorderachskörper.	228 refuerzo de la suspensión delantera.	228 estrutura de suporte do eixo da frente.
229 suspension arm, lower.	229 bras de suspension inférieur.	229 unterer Lenker.	229 brazo inferior de suspensión.	229 braço inferior da suspensão.
230 front spring.	230 ressort de suspension avant.	230 Vorderachsfeder.	230 muelle delantero.	230 mola helicoidal.
231 bump stop.	231 tampon en caoutchouc.	231 Gummipuffer.	231 tope de suspensión.	231 batente de borracha.
232 ball joint, lower.	232 rotule inférieure.	232 Kugelgelenk, unteres.	232 rótula inferior.	232 rótula de junção inferior.
233 front wheel hub.	233 moyeu avant.	233 Vorderradnabe.	233 cubo delantera.	233 cubo do disco do travão.
234 front wheel bearing, outer.	234 roulement extérieur du moyeu avant.	234 äußeres Vorderradlager.	234 cojinete exterior ruedas delanteras.	234 rolamento da manga do eixo exterior.
235 nut.	235 écrou.	235 Mutter.	235 tuerca.	235 porca.
236 front wheel bearing, inner.	236 roulement intérieur du moyeu avant.	236 inneres Vorderradlager.	236 cojinete inferior ruedas delanteras.	236 rolamento da malha do eixo interior.
Steering	**Direction**	**Lenkvorrichtung**	**Dirección**	**Coluna de direcção**
237 lock nut.	237 contre-écrou.	237 Kontermutter.	237 tuerca.	237 porca de fixação.
238 ball joint.	238 rotule.	238 Spurstangengelenk.	238 rótula.	238 rótula.

Suspension d'avant, Direction/Vorderradaufhängung, Lenkvorrichtung/Suspensión delantera, Dirección/Suspensão da frente, Direcção

taliano	Nederlands	Dansk	Svenska	Srpskohrvatski
catene da neve.	sneeuwkettingen.	sne kæder.	snökedjor.	lanci za sneg.

Sospensione anteriore	**Voorwielophanging**	**Forhjulsophæng**	**Framhjulsupphängning**	**Prednje vešanje, prednji ovjes**
215 cuscinetto sostegno superiore.	215 bevestiging, boven.	215 bæreleje, øverste komplet.	215 övre fjäderbensfäste.	215 nosač gornji.
216 albero del pistone.	216 zuigerstang.	216 stempelstang.	216 kolvstång.	216 poluga klipa.
217 guarnizione albero pistone.	217 zuigerstangdichting.	217 tætningsring.	217 kolvstångstätning.	217 zaptivka/brtvilo poluge klipa.
218 cilindro ammortizzatore.	218 schokbrekercylinder.	218 støddæmperrør.	218 stötdämparhus.	218 cev amortizera.
219 valvola di controllo.	219 voetklep.	219 reduktionsventil.	219 strypventil.	219 ugušivač.
220 giunto sterico.	220 stuurkogel.	220 kugleled.	220 kulled.	220 kuglični ležaj.
221 braccio oscillante inferiore.	221 onderste reactiestang.	221 kontrolarm nederste.	221 länkarm, nedre.	221 donje rame.
222 barra anti rollio.	222 stabilisator.	222 stabilisator.	222 krängningshämmare.	222 stabilizator.
223 tirante di comando.	223 as.	223 spindel.	223 axel.	223 osovina.
224 ammortizzatore anteriore.	224 voorschokbreker.	224 støddæmper, forreste.	224 stötdämpare, fram.	224 amortizer, prednji.
225 paracolpi in gomma.	225 rubber bus.	225 gummibøsning.	225 gummibussning.	225 gumena zaptivka/brtva.
226 braccio della sospensione, superiore.	226 bovenste draagarm.	226 svingarm øverste.	226 länkarm, övre.	226 gornje rame.
227 giunto sferico, superiore.	227 stuurkogel.	227 kugleled, øverste.	227 kulled, övre.	227 kuglični ležaj gornji.
228 assale anteriore.	228 dwarsbalk voorwielophanging.	228 forbro.	228 framaxelbalk.	228 poluga prednje osovine.
229 braccio della sospensione, inferiore.	229 onderste draagarm.	229 svingarm, nederste.	229 länkarm, nedre.	229 donje rame.
230 mollone anteriore.	230 voorveer.	230 forfjeder.	230 framfjäder.	230 prednja opruga.
231 paracolpi.	231 stootkussen.	231 gummiklods.	231 gummibuffert.	231 gumeni graničnik.
232 giunto sferico, inferiore.	232 onderste kogelgewricht.	232 kugleled, nederste.	232 kulled, undre.	232 kuglični zglob donji.
233 mozzo ruota anteriore.	233 naaf voorwiel.	233 forhjulsnav.	233 framhjulsnav.	233 glavčina prednjeg točka/kotača.
234 cuscinetto ruota anteriore, esterno.	234 voorwiellager buiten.	234 forhjulsleje, udvendige.	234 framhjulslager, yttre.	234 nosač prednjeg točka/kotača, spoljni.
235 dado.	235 moer.	235 møtrik.	235 mutter.	235 matica.
236 cuscinetto ruota anteriore, interno.	236 voorwiellager binnen.	236 forhjulsleje, indvendige.	236 framhjulslager, inre.	236 nosač prednjeg točka/kotača unutrašnji.

Sterzo	**Stuurinrichting**	**Styretøj**	**Styrinrättning**	**Uredjaj za upravljanje**
237 dado si sicurezza.	237 borgmoer.	237 låsemøtrik.	237 låsmutter.	237 kontra matica.
238 giunto sferico.	238 kogelgewricht.	238 kugleled.	238 kulled.	238 zglob.

*Sospensione anteriore, Sterzo/Voorwielophanging, Stuurinrichting/Forhjulsophæng, Styretøj/
Framhjulsupphänging, Styrinrättning/Prednje vešanje (Prednji ovjes), Uredjaj za upravljanje*

BRAKE SYSTEM

English	Français	Deutsch	Español	Português
239 track rod.	**239** bielle de connexion.	**239** Spurstange.	**239** barra de dirección.	**239** barra de direcção.
240 pitman arm.	**240** levier de direction.	**240** Lenkhebel.	**240** brazo de mando.	**240** pendural.
241 track rod, inner.	**241** barre de connexion.	**241** Spurstange, innere.	**241** barra de acopiamiento.	**241** barra de direcção, interior.
242 steering idler arm.	**242** levier de renvoi de direction.	**242** Zwischenlenker.	**242** brazo intermedio.	**242** braço de direcção.
243 steering rack.	**243** cremaillère de direction.	**243** Lenkzahnstange.	**243** cremallera de la dirección.	**243** apoio do braço da direcção.
244 steering box.	**244** direction.	**244** Lenkgetriebe.	**244** caja de dirección.	**244** caixa de direcção.
245 steering column.	**245** axe de volant.	**245** Lenksäule.	**245** columna de dirección.	**245** haste coluna.
246 rubber gaiter.	**246** gaine en caoutchouc.	**246** Gummistulpe.	**246** parche de goma.	**246** fole da cremalheira.

Brake system	Système de freinage	Bremssystem	Sistema de frenos	Sistema de travagem
247 brake pipe.	**247** canalisation de frein.	**247** Bremsleitung.	**247** canalización de frenos (rígida).	**247** tubo do travão.
248 handbrake lever.	**248** levier de frein à main.	**248** Handbremshebel.	**248** palanca del freno de mano.	**248** alavanca do travão de mão.
249 handbrake cable.	**249** câble de frein à main.	**249** Handbremsseil.	**249** cable del freno de mano.	**249** cabo de travão.
250 brake hose.	**250** flexible de frein.	**250** Bremsschlauch.	**250** canalización de frenos (flexible).	**250** mangueira do travão de mão.
251 brake hose.	**251** flexible de frein.	**251** Bremsschlauch.	**251** canalización de frenos (flexible).	**251** mangueira do travão.
252 brake master cylinder.	**252** maître-cylindre.	**252** Hauptbremszylinder.	**252** cilindro maestro de la bomba.	**252** cilindro mestre do travão.
253 brake servo.	**253** servo-frein.	**253** Bremskraftverstärker.	**253** servo freno.	**253** servo-freio.
254 brake lining.	**254** garniture de frein.	**254** Bremsbelag.	**254** forro de freno.	**254** revestimento da maxila.
255 brake shoes.	**255** segment de frein.	**255** Bremsbacke.	**255** pastillas/zapatas de freno.	**255** maxila.
256 return spring.	**256** ressort de rappel.	**256** Bremsbackenrückzugfeder.	**256** resorte de retorno.	**256** mola de retorno.
257 brake wheel cylinder.	**257** cylindre de roue.	**257** Radbremszylinder.	**257** bombina de freno de la rueda.	**257** cilindro receptor do travão.
258 disc brakes.	**258** freins à disque.	**258** Scheibenbremsen.	**258** frenos de disco.	**258** freios do discos.
259 spring.	**259** ressort.	**259** Belaghaltefeder.	**259** muelle.	**259** mola.
260 split pin.	**260** goupille.	**260** Haltestift.	**260** grupilla.	**260** golpilha de fixação.
261 plug.	**261** bouchon.	**261** Verschlußschraube.	**261** frenillo (places de sujección).	**261** bujão.
262 bleeder.	**262** vis de purge.	**262** Entlüftungsschraube.	**262** tornillo de sangrado.	**262** purgador/sangrador.
263 brake pad set.	**263** jeu de mâchoires de frein.	**263** Bremsklötze.	**263** juego de pastillas (zapatas) de freno.	**263** pastilhas.
264 piston.	**264** piston.	**264** Kolben.	**264** pistón, émbolo.	**264** êmbolo.
265 lock ring.	**265** bague d'arrêt.	**265** Sicherungsring.	**265** anillo de cierre.	**265** anel retentor.
266 sealing ring.	**266** bague d'étanchéité.	**266** Staubkappen.	**266** aro de sellado.	**266** guarda-pó.

Système de freinage/Bremssystem/Sistema de frenos/Sistema de travagem

Italiano	Nederlands	Dansk	Svenska	Srpskohrvatski
239 tirante guida.	**239** spoorstang.	**239** styrestang.	**239** styrstång.	**239** spona upravljača.
240 tirante.	**240** pitmanarm.	**240** pitmanarm.	**240** pitmanarm.	**240** rukunica upravljača.
241 tirante.	**241** parallelstang.	**241** forbindelsesstang.	**241** parallelstag.	**241** poprečna spona.
242 tirante.	**242** loze arm.	**242** hjælpestyrearm.	**242** mellanarm.	**242** medjuspona.
243 cremagliera sterzo.	**243** stuurstangheugel.	**243** styretandstang.	**243** styrningskuggstång.	**243** upravljačka osovina.
244 scatola dello sterzo.	**244** stuurversnelling.	**244** styrehus.	**244** styrväxel.	**244** prenosnik upravljača.
245 piantone sterzo.	**245** stuurstang.	**245** ratstamme.	**245** rattaxel.	**245** osovina upravljača.
246 guaina di protezione in gomma.	**246** rubber slobkous.	**246** gummimanchet.	**246** gummidamask.	**246** gumeni štitnik.
Freni	**Remsysteem**	**Bremsesystem**	**Bromssystem**	**Uredjaj za kočenje**
247 tubo flessibile del freno.	**247** remleiding.	**247** bremserør.	**247** bromsledning.	**247** cev kočnice.
248 leva del freno a mano.	**248** handrem.	**248** håndbremsestang.	**248** handbromsspak.	**248** poluga ručne kočnice.
249 cavo del freno a mano.	**249** handremkabel.	**249** håndbremsekabel.	**249** handbromvajer.	**249** uže ručne kočnice.
250 tubazione dei freni.	**250** remslang.	**250** bremseslange.	**250** bromsslang.	**250** crevo kočnice.
251 tubazione dei freni.	**251** remslang.	**251** bremseslange.	**251** bromsslang.	**251** crevo kočnice.
252 cilindro principale del freno.	**252** hoofdremcylinder.	**252** hovedbremsecylinder.	**252** bromshuvudcylinder.	**252** glavni cilindar kočnice.
253 servo-freno.	**253** remservo.	**253** bremseservo.	**253** bromsservo.	**253** servo kočnica.
254 guarnizione freno.	**254** remvoering.	**254** bremsebelægning.	**254** bromsbelägg.	**254** obloga kočnice.
255 pattini delle ganasce.	**255** remschoenen.	**255** bremsebakke.	**255** bromsback.	**255** papuča kočnice.
256 molla di richiamo.	**256** terugdrukveer.	**256** returfjeder.	**256** returfjäder.	**256** povratna opruga.
257 cilindro del freno.	**257** remcylinder.	**257** hjulcylinder.	**257** hjulcylinder.	**257** kočioni cilindar točka.
258 freni a disco.	**258** schijfremmen.	**258** skivebremser.	**258** skivbromsar.	**258** disk kočnice.
259 molla.	**259** veer.	**259** fjeder.	**259** fjäder.	**259** opruga.
260 coppiglia.	**260** splitpen.	**260** split.	**260** saxpinne.	**260** osigurač.
261 tappo.	**261** plug.	**261** lukkeskrue.	**261** plugg.	**261** čep.
262 vite spurgo aria.	**262** ontluchter.	**262** luftskrue.	**262** luftningsskruv.	**262** ventil za ispuštanje vazduha.
263 gruppo ganasce freno.	**263** remblokjes.	**263** bremseklodssæt.	**263** bromsklotssats.	**263** kočione obloge.
264 stantuffo idraulico.	**264** zuiger.	**264** stempel.	**264** kolv.	**264** potisni klip.
265 anello di sicurezza.	**265** sluitring.	**265** låsering.	**265** låsring.	**265** semering.
266 guarnizione ad anello.	**266** afsluitring.	**266** tætningsring.	**266** tätningsring.	**266** gumena zaptivka/brtva kočionog cilindra.

Freni/Remsysteem/Bremsesystem/Bromssystem/Uredjaj za kočenje

ELECTRICAL SYSTEM

English	Français	Deutsch	Español	Português
267 seal.	267 joint principal.	267 Dichtung.	267 cierre/junta.	267 vedante.
268 brake caliper.	268 étrier.	268 Bremssattel.	268 pinza de freno.	268 corpo do suporte das pastilhas.
269 seal.	269 joint.	269 Dichtungssatz.	269 cierre/junta.	269 empanque retentor.
270 hexagon screw.	270 vis hexagonale.	270 Sechskantschraube.	270 tornillo hexagonal.	270 parafuso de fixação.
271 lock plate.	271 plaque de verrouillage.	271 Sicherungsblech.	271 chapa de freno/placa de cierre.	271 freio do parafuso.
272 hub.	272 moyeu.	272 Radnabe.	272 cubo de la rueda.	272 cubo do disco do travão.
273 brake disc.	273 disque de frein.	273 Bremsscheibe.	273 disco de freno.	273 disco do travão.
274 guard plate.	274 plaque protectrice.	274 Abdeckblech.	274 placa de protección.	274 resguardo do disco do travão.

Electrical system	Système éléctrique	Elektrische Ausrüstung	Sistema eléctrico	Sistema eléctrico
275 horn.	275 klaxon.	275 Signalhorn.	275 claxon.	275 buzina.
276 stop light switch.	276 interrupteur de stop.	276 Stopplichtschalter.	276 interruptor de luces de parada.	276 contacto da luz de travagem.
277 fuse box.	277 boîte à fusibles.	277 Sicherungsdose.	277 caja de fusibles.	277 caixa de fusíveis.
278 flasher unit.	278 bilame.	278 Blinksignalrelais.	278 relé de intermitencias.	278 relé de pisca-pisca.
279 headlamp lens.	279 glace de phare.	279 Scheinwerferglas.	279 cristal del faro.	279 vidro lentilhado.
280 seal.	280 joint.	280 Dichtung.	280 junta.	280 aro da óptica.
281 adjuster screw.	281 vis de réglage.	281 Einstellschraube.	281 tornillo de reglaje.	281 parafuso ajustador.
282 reflector.	282 réflecteur.	282 Reflektor.	282 reflector.	282 reflector da óptica.
283 headlamp bulb.	283 ampoule de phare.	283 Scheinwerferlampe.	283 bombilla del faro.	283 lâmpada de farol.
284 bulb holder.	284 douille.	284 Lampenfassung.	284 portalámparas.	284 casquilho da lâmpada.
285 retaining ring.	285 plaquette de fixation.	285 Befestigungsring.	285 clip de sujección.	285 arco de fixação.
286 headlamp rim.	286 enjoliveur de phare.	286 Einfassungsring.	286 aro del faro.	286 aro de farol.
287 sealed beam unit.	287 bloc optique.	287 Scheinwerfereinsatz.	287 faro sellado.	287 óptica.
288 windscreen washer.	288 lave-glace.	288 Scheibenwaschanlage.	288 lavaparabrisas.	288 lava-vidros.
289 windscreen washer motor.	289 moteur de lave-glace.	289 Scheibenwaschmotor.	289 motor del lavaparabrisas.	289 motor do lava-vidros.
290 windscreen washer jet.	290 gicleur.	290 Spritzdüse.	290 boquillas del lavaparabrisas.	290 jacto do lava-vidros.
291 water reservoir.	291 réservoir d'eau.	291 Wasserbehälter.	291 depósito de agua.	291 reservatório do líquido lava-vidros.
292 plunger.	292 piston.	292 Handpumpe.	292 émbolo de aspiración.	292 êmbolo.
dip switch.	commande phare code.	Tippschalter.	interruptor de las luces lagas.	comutador das luzes dos faróis.
foglights.	phares antibrouillard.	Nebelleuchten.	luces de niebla.	faróis de nevoeiro.

Système éléctrique/Elektrische Ausrüstung/Sistema eléctrico/Sistema eléctrico

Italiano	Nederlands	Dansk	Svenska	Srpskohrvatski
267 guarnizione principale.	**267** hoofdafsluiting.	**267** pakning.	**267** huvudtätning.	**267** glavna zaptivka/brtvilo.
268 tamburo freni.	**268** remzadel.	**268** bremseåg.	**268** bromsok.	**268** kućište kočnice.
269 guarnizione.	**269** pakking.	**269** pakning.	**269** packning.	**269** zaptivka/brtvilo.
270 vite a testa esagonale.	**270** zeskantschroef.	**270** sekskantskrue.	**270** sexkantskruv.	**270** šestougaoni zavrtanj.
271 piastrina di sicurezza.	**271** sluitring.	**271** låseplade.	**271** låsbleck.	**271** pločica osigurača.
272 mozzo.	**272** naaf.	**272** nav.	**272** hjulnav.	**272** nosač točka/kotača.
273 freno a disco.	**273** remschijf.	**273** bremseskive.	**273** bromsskiva.	**273** disk ploča.
274 piastra di protezione.	**274** beschermingsplaat.	**274** beskyttelsesplade.	**274** skyddsplåt.	**274** zaštitna obloga.

Impianto elettrico	**Electrisch systeem**	**El-system**	**Elsystem**	**Električni sistem**
275 avvisatore acustico (clacson).	**275** claxon.	**275** horn.	**275** signalhorn.	**275** sirena/truba.
276 interruttore luci di arresto.	**276** contact remlicht.	**276** stoplygtekontakt.	**276** stoppljuskontakt.	**276** prekidač stop svetla.
277 scatola portafusibili.	**277** zekeringhuis.	**277** sikringsdåse.	**277** såkringsdosa.	**277** kutija sa osiguračima.
278 lampeggiatori di direzione.	**278** knipperlichtautomaat.	**278** blinkrelæ.	**278** blinkersrelä.	**278** automat pokazivača pravca.
279 vetro del faro.	**279** koplampglas.	**279** forlygteglas.	**279** strålkastarglas.	**279** staklo fara.
280 guarnizione.	**280** pakking.	**280** pakning.	**280** packning.	**280** zaptivka/brtvilo.
281 vite di registrazione.	**281** stelschroef.	**281** indstillingsskrue.	**281** justerskruv.	**281** zavrtanj za podešavanje.
282 riflettore.	**282** reflector.	**282** reflektor.	**282** reflektor.	**282** reflektor.
283 lampadina per faro.	**283** gloeilamp voor koplamp.	**283** forlygtepære.	**283** strålkastarlampa.	**283** sijalica/žarulja fara.
284 portalampada.	**284** lamphouder.	**284** pæresokkel.	**284** lamphållare.	**284** grlo sijalice.
285 anello di tenuta.	**285** vastzetring.	**285** låsering.	**285** fästring.	**285** prsten za učvršćivanje.
286 cornice del gruppo ottico.	**286** koplamprand.	**286** forlygtekrans.	**286** strålkastarsarg.	**286** okvir fara.
287 gruppo ottico.	**287** koplampset compleet.	**287** sealed beam lygte.	**287** strålkastarinsats.	**287** uložak fara.
288 dispositivo lava-parabrezza.	**288** ruitesproeier.	**288** vinduesvasker.	**288** vindrutespolare.	**288** prskalica za vodu.
289 motorino per lava-parabrezza.	**289** motor ruitesproeier.	**289** vinduesvaskermotor.	**289** vindrutespolarmotor.	**289** motor prskalice.
290 ugelli lava-parabrezza.	**290** mondstuk ruitesproeier.	**290** dyse.	**290** munstycke.	**290** mlaznica za prskanje.
291 serbatoio d'acqua.	**291** waterreservoir.	**291** vandbeholder.	**291** vattenbehållare.	**291** rezervoar za vodu.
292 pompa a stantuffo.	**292** zuiger.	**292** stempel.	**292** handpump.	**292** potisni klip.
commutatore fari abbaglianti/antiabbaglianti.	dimschakelaar.	nedblændingskontakt.	avbländningskontakt.	prekidač za obaranje svetla.
fari antinebbia.	mistlampen.	tågelygter.	dimljus.	svetla za maglu.

Impianto elettrico/Electrisch systeem/El-system/El-system/Električni sistem

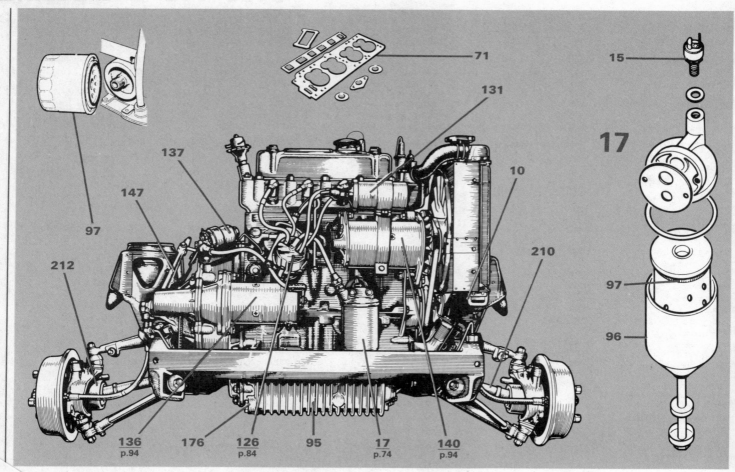

71

15

131

137

147

10

97

17

97

212

210

96

136
p.94

176

126
p.84

95

17
p.74

140
p.94

/Motor/Motor/Motor

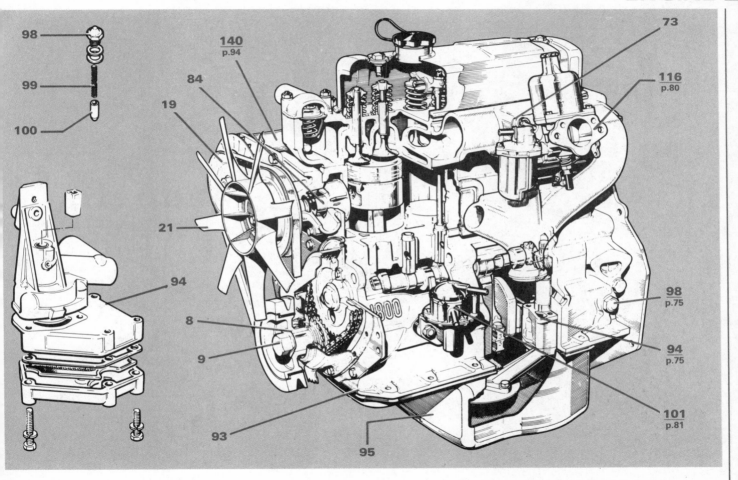

Motore/Motor/Motor/Motor/Motor

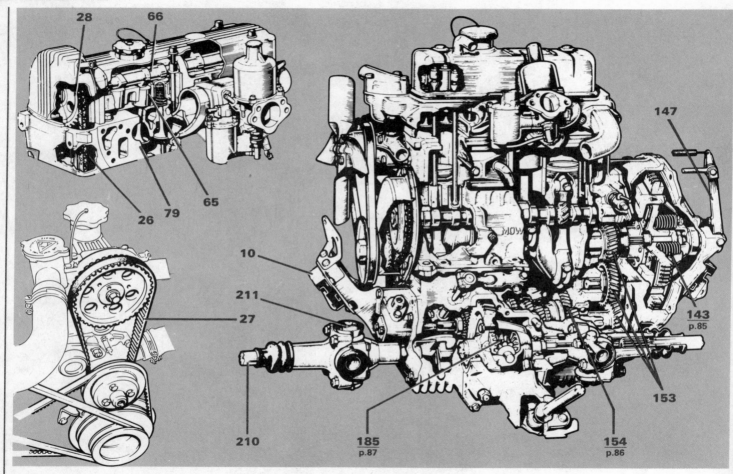

28
66
65
79
26
10
211
27
210
185
p.87
147
143
p.85
153
154
p.86

Moteur/Motor/Motor/Motor

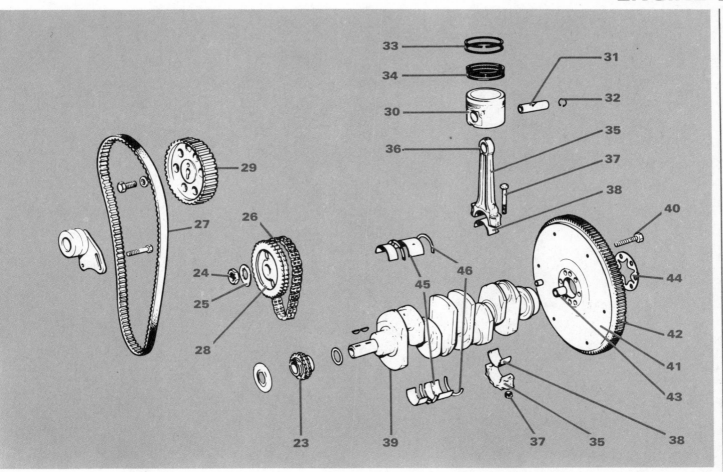

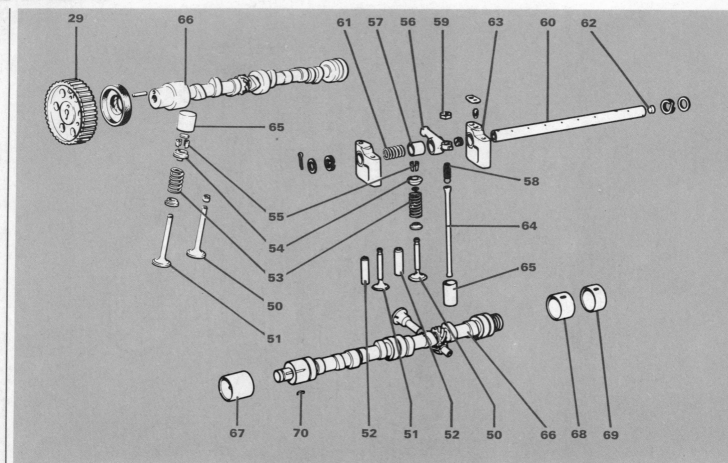

Moteur/Motor/Motor/Motor

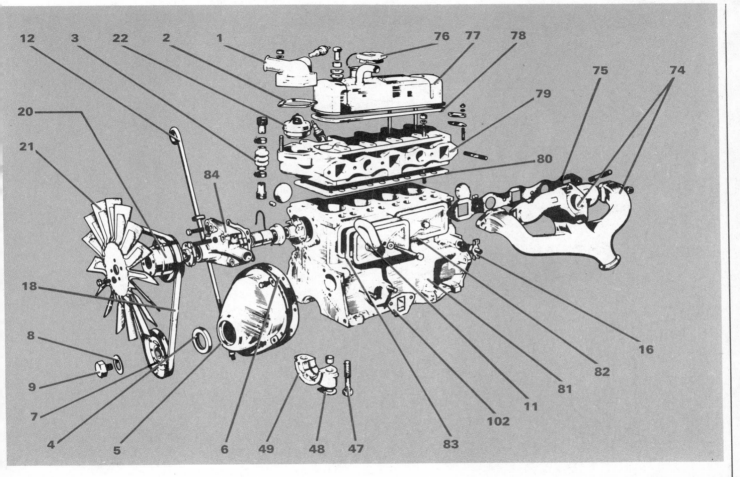

12 3 22 2 1 76 77 78 75 74

20 79

21 80

84

18 16

8 82

9 81

7 11

4 102

5 6 49 48 47 83

Motore/Motor/Motor/Motor/Motor

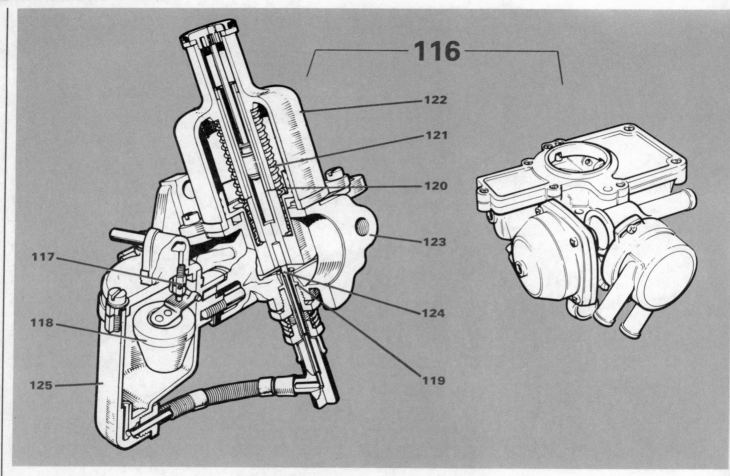

Système d'alimentation/Kraftstoffversorgung/Sistema de gasolina/Sistema de combustível

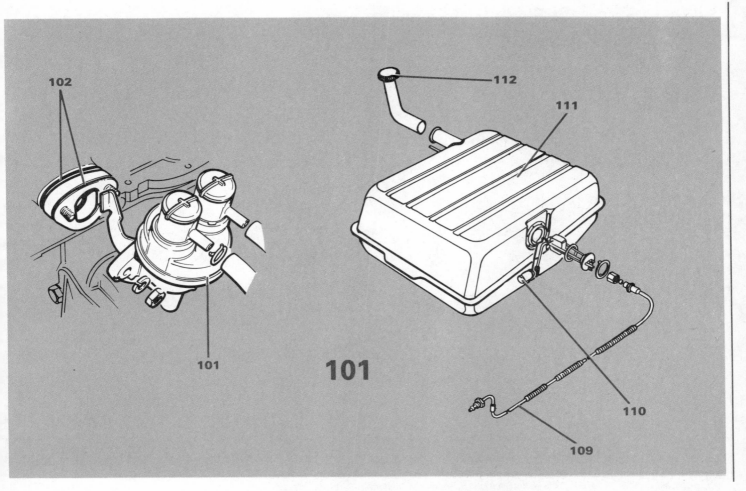

102

112

111

101

101

110

109

Impianto Alimentazione/Brandstofsysteem/Brændstofsystem/Bränslesystem/Uredjaj za napajanje gorivom

DIESEL FUEL INJECTION

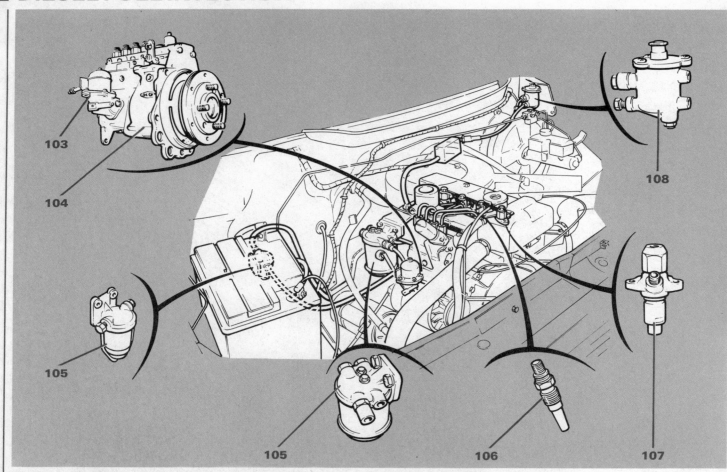

103

104

105

105

106

107

108

Système d'alimentation diesel/Dieseleinspritzung/Inyeccion de diesel/Injecção diesel/Impianto inezione gasolio/Dieselbrandstof/Dieselindspøtjning/Dieselbränslesystem/Dizelubrizgavanje

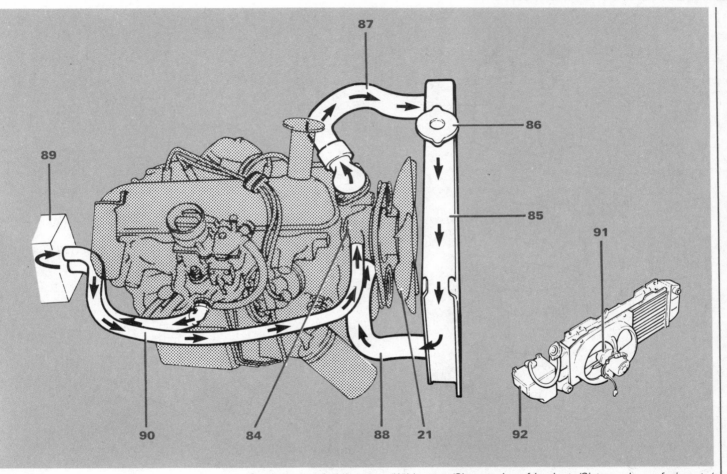

Système de refroidissement/Kühlsystem/Sistema de enfriamiento/Sistema de arrefecimento/
Impianto di raffreddamento/Koelsysteem/Kølesystem/Kylsystem/Uredjaj za hladjenje

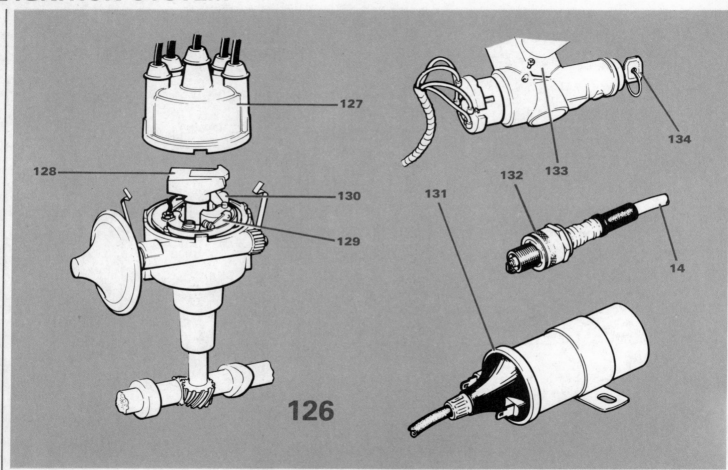

127
128
130
129
126
134
132 133
131
14

Système d'allumage/Zündung/Sistema de encendido /Sistèma de ignicão/Impianto
Accensione/Ontstekingssysteem/Tændningssystem/Tändsystem/Uredjaj za paljenje

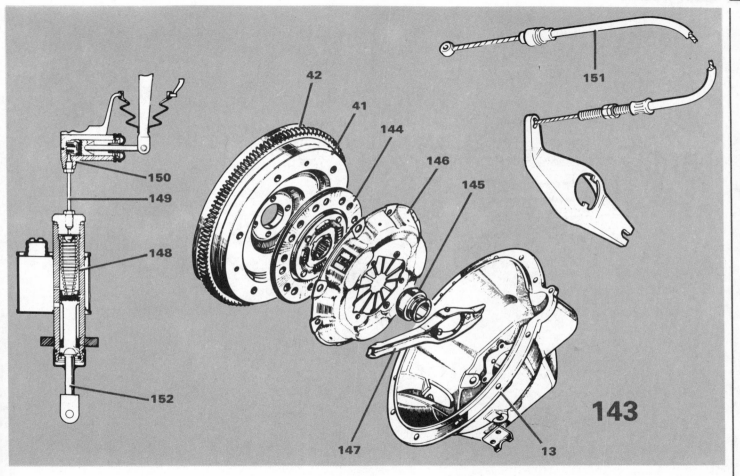

42
41
144
146
145
151
150
149
148
152
147
13

143

Mécanisme d'embrayage/Kupplung/Embrague/Embreagem/Frizione/Koppeling/Kobling/Koppling/Kvačilo, spojka

GEARBOX

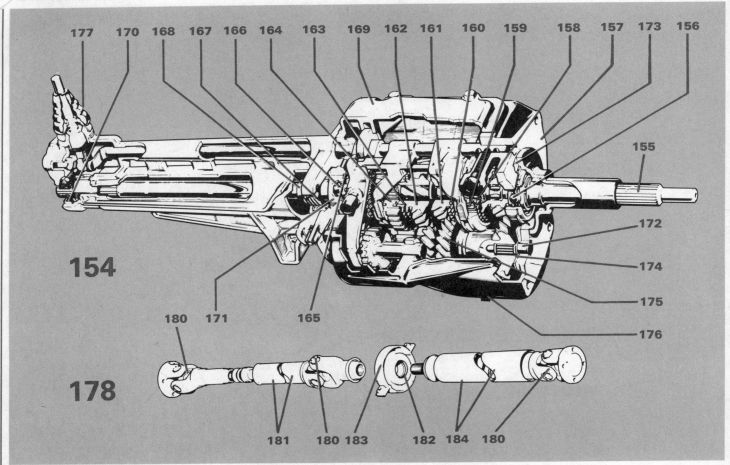

Boîte de vitesse/Getriebe/Cambio de velocidades/Caixa de velocidades/Scatola cambio/Versnellingsbak/Gearkasse/Växelada/Mjenjacka Kutija

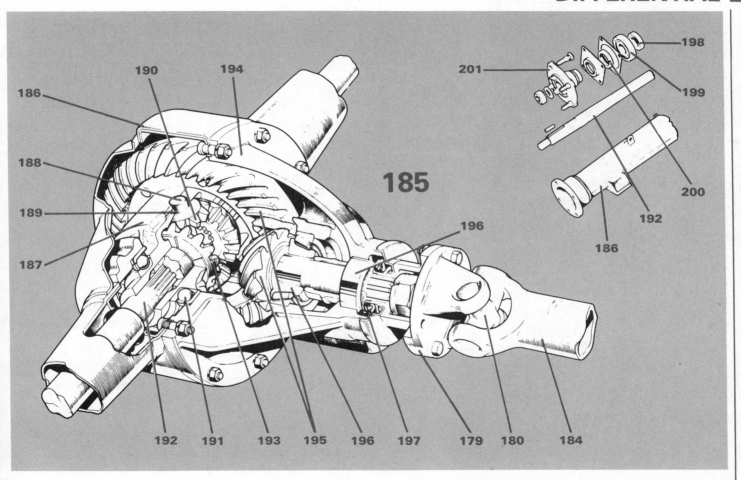

185

Différential/Differential/Diferencial/Diferencial/Differenziale/Differentieel/Differentiale/Differential/Diferencijal

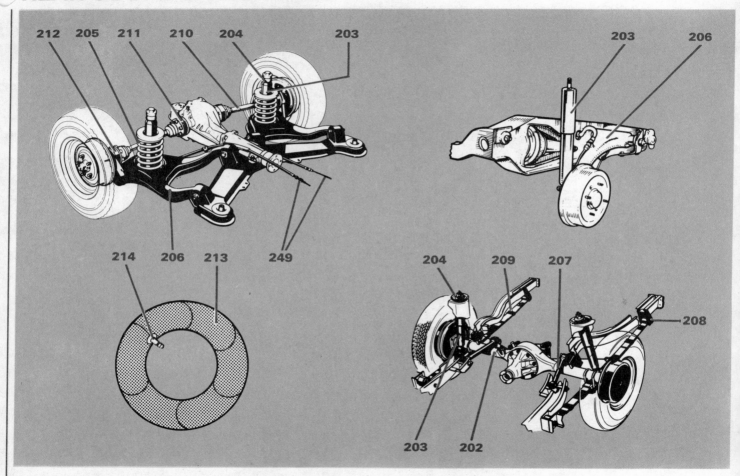

212 205 211 210 204 203 203 206

214 206 213 249 204 209 207 208

203 202

Suspension arrière et pneus/Hinterachsaufhängung u. Reifen/Suspensión trasera & ruedas/Suspensão traseira & pneus/Sospensione posteriore & Pneumatici/Achterasophanging en Banden/Baghjulsophæng og dæk/Bakaxelupphängning & Däck/Zadnje vešanje (ovjes) & gume

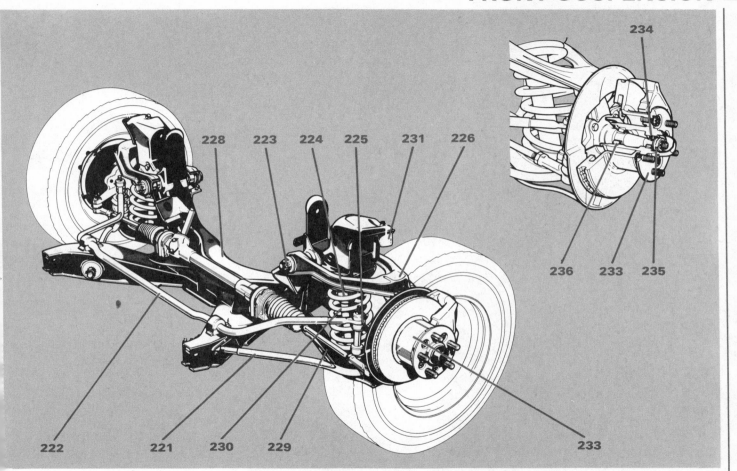

Suspension d'avant/Vorderradaufhängung/Suspensión delantera/Suspensão da frente/Sospensione anteriore/Voorwielophanging/Forhjulsophæng/Framhjulsupphängning/Prednje vešanje (ovjes)

FRONT SUSPENSION

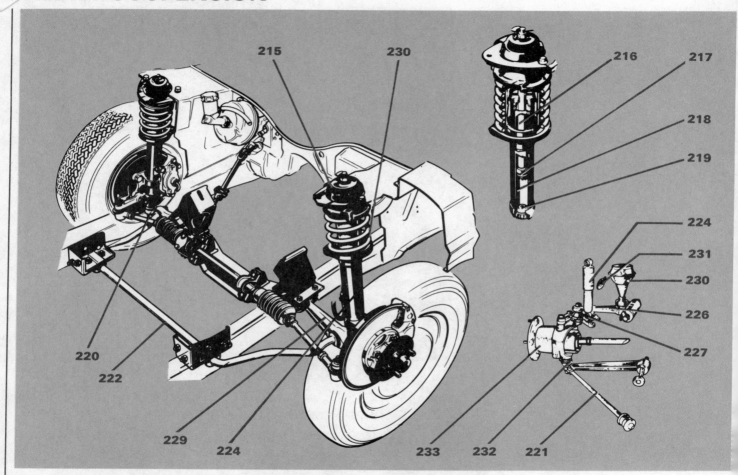

Suspension d'avant/Vorderradaufhängung/Suspensión delantera/Suspensão da frente/Sospensione anteriore/Voorwielophanging/Forhjulsophæng/Framhjulsupphängning/Prednje vešanje (ovjes)

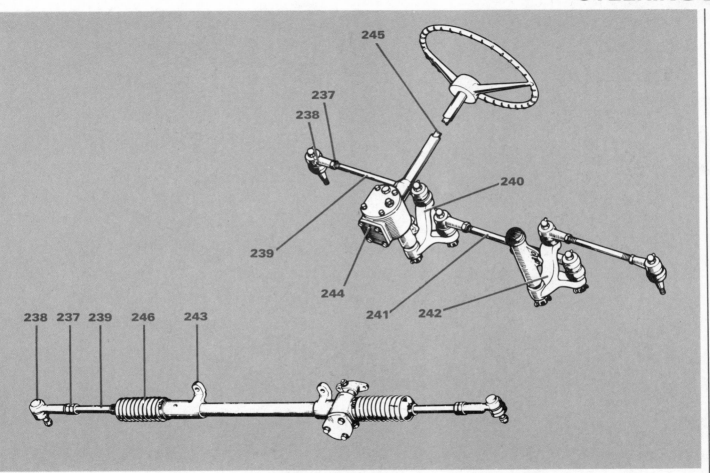

245
237
238
240
239
244
241
242
238 237 239 246 243

Direction/Lenkvorrichtung/Dirección/Coluna de dirrecçao/Sterzo/Stuurinrichting/Styretój/Styrinrättning/Uredjaj za upravljanje

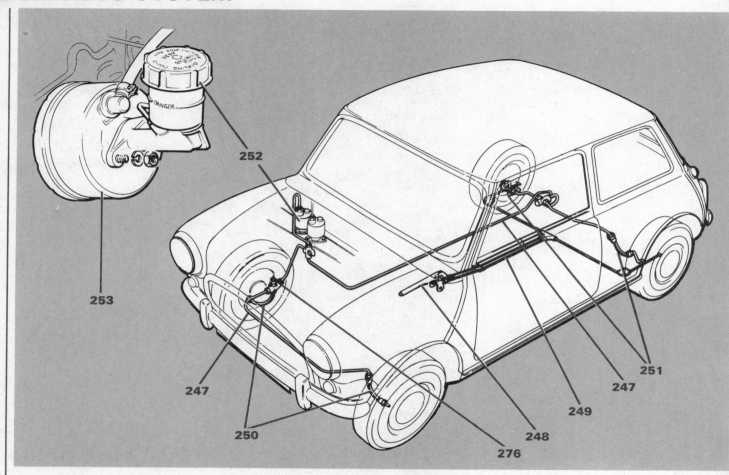

Système de freinage/Bremssystem/Sistema de frenos/Sistema de travagem

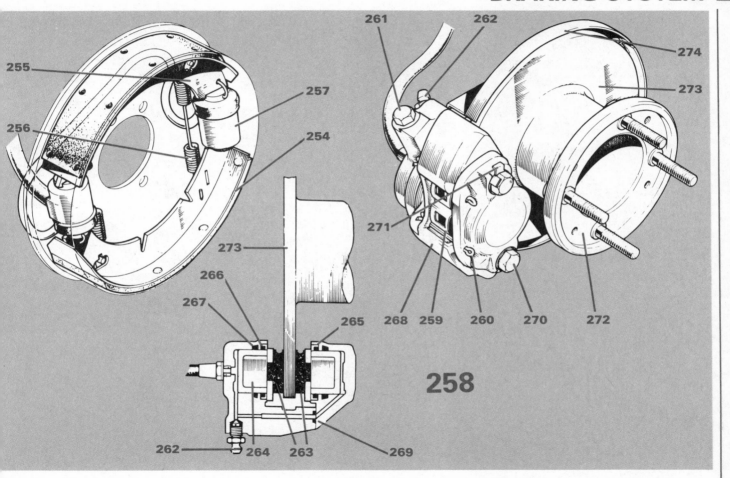

258

Impianto freni/Remssysteem/Bremsesystem/Bromssystem/Sistem kočnica

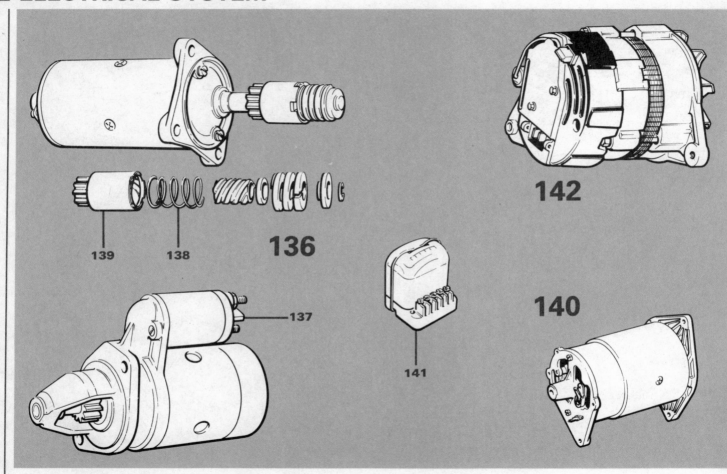

139

138

136

137

141

142

140

Système éléctrique/Elektrische Ausrüstung/Sistema eléctrico/Sistema eléctrico

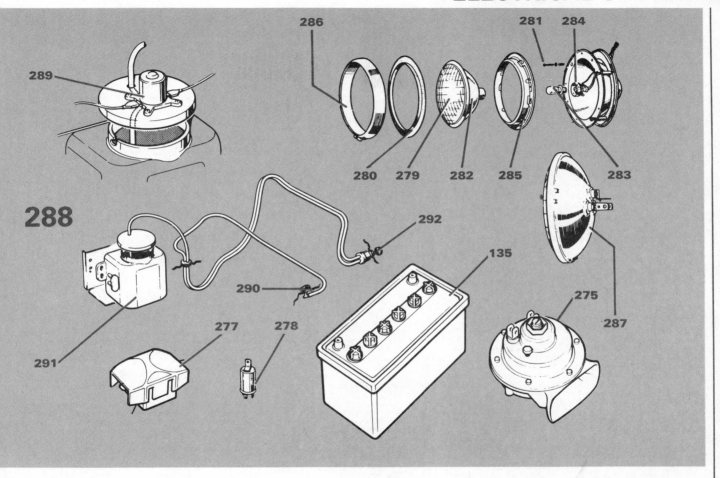

Impianto elettrico/Elektrisch systeem/El-system/Elektriskt system/Električni sistem

CAR COMPONENTS INDEX

Index Pièces Auto/Fahrzeugteilverzeichnis/Indice Piezas de Automovil/Indice Componentes para Automóveis/Indice Parti dell'Auto/Inhoud Auto-Onderdelen/Indhold Bilkomponenter/Innehåll Bilkomponenter/Sadrzaj Delovi Kola